Besuchen Sie uns im Internet:

www.lebensgeschenke-verlag.com

oder auf FACEBOOK:

www.facebook.com/lebensgeschenke

Lebensgeschenke-Verlag, Graz   ISBN: 978-3-902689-46-7

Erich Gutsjahr

Die Weisheiten eines Surflehrers

Anekdoten zum Schmunzeln, Nachdenken und eventuell Umdenken

INHALT

Liebe(r) Leserin!

Wer braucht schon eine Gebrauchsanweisung zum Lesen eines Buches? Ist doch ganz einfach, von links nach rechts und von oben nach unten, ... Buchstabe für Buchstabe und Wort für Wort und DAS sollte dann hin und wieder einen Sinn ergeben.

Also warum eine Gebrauchsanweisung? Wenn Sie diese Lektüre ganz einfach nur verschlingen möchten, dann starten Sie schon mal los ... aber bitte beschweren Sie sich nicht am Ende, dass es gut gewesen wäre, zu wissen, wie man mit diesem Lesewerk umgeht. Für diejenigen, die sich jetzt die Zeit nehmen wollen und etwas Urlaub vom Alltag machen möchten, gebe ich gerne ein paar Tipps.

Wer kann von den Weisheiten eines Surflehrers profitieren?

Alle die gerne schmunzeln, okay, das sind ja doch schon einige.

Menschen, die sich mit Verkauf und Marketing beschäftigen und sich einmal von einer anderen Seite und Sicht mit dieser Thematik auseinandersetzen wollen.

Vielleicht gibt es ja auch jemanden unter Ihnen, der sich im Liegestuhl vor Ort davon überzeugen möchte, ob das Erzählte und Erlebte wirklich so gewesen sein könnte ... Das wäre die angenehmste Art aus dem Geschreibsel Nutzen zu ziehen.

Jedes Kapitel ist so aufgebaut, dass am Anfang eine Geschichte, eine Anekdote erzählt wird, die in einem kleinen Fischerdorf (Tolon oder Tolo, aber dazu später) in Griechenland handelt. Die allesamt wahren Begebenheiten haben teilweise drastisch mein Leben verändert und meine Einstellung und Sichtweisen beeinflusst. Andere sind mir angenehm in Erinnerung geblieben und haben indirekt mein Wirken und das meiner Mitmenschen beeinflusst.

Es folgt das Wort „PAUSE" – Nach dem unterhaltsamen Einstieg mit „Gschichtln", bitte ich Sie, das Buch einmal kurz oder auch länger zur Seite zu legen. Fragen Sie sich nun, welche Weisheit für Sie persönlich in dieser Geschichte stecken könnte ... Jeder kann dies auf seine ganz individuelle Weise tun und interpretieren. Anschließend können Sie mit dem Schmökern fortfahren und mit meiner, aus dieser Begebenheit gezogenen Lehre, vergleichen.

Am Ende des Buches finden Sie auch noch die Möglichkeit, schriftlich IHRE besonderen Highlights festzuhalten, um vielleicht zu einem späteren Zeitpunkt wieder nachzuschlagen und das eine oder andere in Ihren Alltag mitzunehmen.

Jetzt viel Spaß beim Lesen und Kalo Diakopes
(schönen Urlaub)

Erich Gutsjahr

WIE ALLES BEGANN

Jedes Mosaik besteht aus vielen Teilen, darum möchte ich mit Ihnen langsam ein Bild entstehen lassen und dort beginnen, als das Wort Surfen noch nicht in meinem Wortschatz Einzug gehalten hatte.

Mein Leben verlief in geregelten Bahnen. Nach dem Bundesheer hatte ich meinen Werdegang bei einer heimischen Bank begonnen und versuchte nun, den Vorstellungen der Gesellschaft entsprechend, die Karriereleiter hoch zu klettern.

Sicherheit und Komfort waren zwar sehr bequem und mein Leben schien vorhersehbar und planbar. Mein jugendlicher Elan wollte jedoch Abenteuer, die Welt aus den Angeln heben und sie zumindest einige Zeit lang bereisen. So kündigte ich und sagte dem geregelten Leben ade.

JETZT GEHT'S LOS!

Gerade zurück von einer fast einjährigen Weltreise frönte ich in heimatlichen Gefilden den Genüssen des Discolebens und traf zu morgendlicher Stunde auf einen meiner Freunde. Er wollte – wie sollte es auch anders sein – wissen, was ich denn jetzt so mache? Eine gute Frage, die ich absolut nicht beantworten konnte. So schleuderte er mir schon die Antwort entgegen! „Hast du nicht Lust nach Griechenland als Surflehrer zu gehen?"

Jetzt frage ich Sie lieber Leser? Wer hätte nicht Lust?! Ich hatte selbstverständlich Lust, aber, wie wahrscheinlich die Meisten von Ihnen, keine Ahnung vom Windsurfen. So fiel meine Antwort zwar ehrlich und kaum Erfolg versprechend aus, „Ich habe keinen Tau vom Surfen". Davon ließ sich mein Kumpel nicht abwimmeln. „Nein, nein, das lernst du unten in Griechenland."

Weitere Argumente prasselten auf mich ein und mit schönen Ausführungen wurde mir das Abenteuer schmackhaft gemacht. Am Montag – sprich ca. 30 Stunden später – sollte ich ihn anrufen.

Nach zwei fast schlaflosen Nächten hatte ich dann die Entscheidung getroffen. Am Montag gab ich das OK für die Herausforderung "Surflehrer in Griechenland". Die Zeit für einen Rückzieher war zu kurz, denn am Freitag startete die Mission „Unbekannt" mit 40 kg Übergepäck.

PAUSE

Damals war es mir nicht bewusst, aber dieser Schritt sollte mein Leben ethisch, moralisch und auch finanziell entscheidend verändern. Rückblickend kann ich nur feststellen, den Mut aufzubringen etwas Neuem eine Chance zu geben, war die richtige Entscheidung.

Mittlerweile habe ich zahlreiche Motivations-, Verkaufstrainings-, Marketings- und Esoterikbücher gelesen und noch mehr entsprechende Seminare besucht. Die wirklichen Weisheiten habe ich bereits vor vielen Jahren in Griechenland von einfachen Fischern, gesprächigen Touristen und durch die Kraft der Natur erfahren.

Jeder steht oder stand schon vor der Entscheidung, eine Reise in ein neues Leben zu beginnen! Fragen Sie nicht, was alles passieren könnte. Gehen Sie vielmehr mit dem Gedanken hinein, zwar ohne Erwartungen, aber dennoch mit der

Gewissheit welche Chancen sich ergeben könnten.

Wenn Sie mit Ihrem Leben so zufrieden sind wie es ist, ... perfekt, versuchen Sie dennoch immer wieder zu lernen und **lernen heißt nichts anderes als Neues zu entdecken.**

Solange man lernen will, ist man bereit zu leben!

ALLER ANFANG IST SCHWER

… oder ob mein Koffer mit Übergepäck schwerer war,
ist jetzt nur noch eine philosophische Frage. Gleich nach
meiner Ankunft, gerade als die griechische Sonne begann
ihre fulminante Kraft zu zeigen, schleppte ich mich übermü-
det den Strand entlang. Der pittoreske Anblick der in der
Bucht ruhig schaukelnden Fischerboote wurde brutal durch
knatternde Lastwägen gestört, die den schmalen Sandstrei-
fen auch als Zulieferstraße benützten … das war er nun, mein
neuer Arbeitsplatz.

Verschlafen und unrasiert traf ich nur wenige Minuten später
auf meinen neuen Boss. Dieser dürfte aber allem Anschein
nach eine noch härtere Nacht durchlebt haben als ich, …
doch sein freundliches Lächeln und seine erwärmenden
Worte stellten selbst die vorhin erwähnte Sonne in den
Schatten. Nach einem kurzen Gespräch fühlte ich mich, als
ob wir uns schon ewig kennen würden.

Jetzt fehlte nur noch mein Abteilungsleiter, der Meister des
Windes, und der erschien nach durchgefeierter Nacht, mit
roten Augen und einem walisischen Akzent, der mich an

meinen Englischkenntnissen zweifeln ließ. Die Konversation zog sich dennoch zügig über Stunden und es war Zeit, sich zu einem Mittagessen einzufinden. Was folgte war ein griechisches Gelage, das bis zum späten Nachmittag dauerte. Fantastisch! Mein erster Arbeitstag war ausgefüllt mit Essen und Unterhaltung mit tollen Menschen.

Der nächste Tag, ein Sonntag, lief mit leichten Änderungen wiederum genauso ab. Tolle Menschen und noch besseres Essen. Ein harter Job, ABER irgendwer musste ihn ja machen! Schlussendlich begann die Woche an einem Montag mit meinem ersten Surfunterricht. Dank der Anleitung meines walisischen Profis gelang mir mein Start ins Surferleben hervorragend und ich durfte bereits einen Tag später, nämlich Dienstag, den ersten Unterricht abhalten. Die Schüler waren begeistert, als auch ihr „Lehrer" die Wellen küsste.

Tage später – die Grundprinzipien des Surfens hatte ich jetzt verstanden und relativ verinnerlicht – wagte ich mich in stärkeren Wind. Nun spürte ich die Kraft der Natur und meine Unerfahrenheit. Nach einer Stunde Kampf mit Board, Segel, Wind und Wasser schleppte ich mich verzweifelt und entkräftet einige hundert Meter von meinem Arbeitsplatz entfernt an den Strand. So zerknirscht kam ich wie ein begossener Pudel wieder an meinem zu gestammten

Stranddomizil an. Meine Schüler spendeten mir Trost und meinten: „In ein paar Tagen probierst du es wieder und du wirst sehen, dann klappt es!" Diese Worte machten mir Mut und auch Wut auf mich selbst. NEIN, nicht in ein paar Tagen – jetzt! Jetzt war der richtige Zeitpunkt, ich wusste, wie es ging, also rauf aufs Brett! Der Mut wurde belohnt, und ab diesem Tag war die Angst vor starkem Wind passé und ich konnte mich neuen Zielen widmen.

PAUSE

Was haben Sie gefühlt? Ist es Ihnen im Leben auch schon so ergangen? Es gibt die Sprüche vom Reiter, der abgeworfen wird und sofort wieder auf sein Pferd soll! Ich kann das zu 100 % unterschreiben. Niederlagen sind die Basis für die größten Siege. Lernen Sie aus Fehlern und nützen Sie jede Niederlage als neue Chance, und jede Chance, die Sie in Ihrem Leben zum Sieg gemacht haben, stärkt Ihr Selbstbewusstsein und die Gewissheit, dass Sie es immer wieder schaffen können, wenn Sie wieder auf ihr „Surfbrett" klettern.

Aus Niederlagen lernt man mehr als aus Erfolgen. Ziehen Sie die Lehren aus jedem Fehlschlag und stehen Sie wieder auf.

GEGENWIND WIRD RÜCKENWIND

Es entspricht normalerweise keiner Logik, dass die Kraft, die dir das Weiterkommen erschwert, genau die Kraft ist, die dich deinem Ziel näher bringt.

Klingt unlogisch, ist aber so. Sie haben sicher schon beobachtet, dass der Wind Blätter und sogar Bäume vor sich her weht, oder den einen oder anderen müden Wanderer, der sich mit aller Kraft dagegen stemmt. Wie kann ich also diese Naturgewalt für meine Zwecke nützen?

Ganz einfach - Windsurfen.

In der Hauptsaison ist die der Bucht vorgelagerte Insel Romvij ein viel versprechendes Ziel, nicht nur wegen des Spitznamens „Busen der Aphrodite". Ein traumhafter und menschenleerer Strand, der stille Romantik und Ruhe verspricht, ist vielmehr der wahre Grund.

Der Anlass ist also gefunden, um dorthin zu gelangen. Nun habe ich ein wünschenswertes und erreichbares Ziel. Der Haken ist leider der Gegenwind!

Mit Tretboot oder Kanu ist es bei starkem Wellengang fast unmöglich und nur mit äußerster Kraftanstrengung machbar, gegen den Wind anzukämpfen und die Insel zu erreichen.

Beim Windsurfen ist es einfach! Da hat mir doch schon mal jemand erklärt: „Du brauchst nur mehr Segelfläche an das Ende des Boards zu bringen, so steigt der Druck auf das hintere Teil, der Bug oder die Spitze zeigt nach vorne, sprich gegen den Wind, also dem Ziel entgegen." Easy? Klingt zwar irgendwie einleuchtend, ob und wie das funktioniert? Nicht grübeln, ausprobieren, es klappt!

PAUSE

Beim Surfen ist die Technik relativ simpel erklärt. Die Praxis sieht zwar oft ganz anders aus, ist aber nicht das Thema dieser Zeilen. Wie nütze ich den Gegenwind, der mir im Alltag entgegenweht, als treibende Kraft?

Wie oft ist es Ihnen schon passiert, dass Sie im Leben etwas verändern wollten und die guten Freunde, Verwandten oder Kollegen Ihnen Ihre gute Idee ausreden wollten, oder zumindest Ihren guten Vorsatz ziemlich erschwert haben? Wollten Sie schon einmal abnehmen und die Schwiegermutter meinte ganz lapidar: „Die gute Torte habe ich doch extra für dich gemacht."

Wer sich beruflich verändern möchte, ob mit Abendschule oder Nebenjob, hört sehr oft: „Willst du dir das wirklich antun, da kenne ich doch jemanden, der hat das auch probiert und es hat nicht funktioniert." Oder gar noch schlimmer: „Er hat sogar seine Beziehung verloren, weil er keine Zeit mehr für seine Freundin, Frau hatte." Das kennen Sie!
Nun können Sie die Entscheidungen treffen und sich vom Wind treiben lassen oder sich mit aller Kraft und allem Willen dagegen stemmen, wie der Wanderer im Sturm, bis Sie Ihr Ziel erreicht haben oder entkräftet und mutlos aufgeben.

Die dritte und eleganteste Möglichkeit ist, diese Kraft zu nützen. Lehnen Sie sich zurück und lassen Sie die Kraft auf Ihre Segel wirken. Wie könnte das aussehen? Bedanken Sie sich bei Ihren Kritikern für das tolle Feedback, dies sollte unbedingt ehrlich gemeint sein und bitten Sie um Hilfe für Lösungen. „Kennst du jemanden, der mir da helfen kann? Du hast schon so viel Erfahrung, wie kann ich eventuelle Fehler vermeiden? Willst du mich dabei unterstützen?"
Holen Sie sich diese Menschen ins Team, wenn Sie Ihnen wichtig sind! Nützen Sie jede Windböe, die Sie Ihrem Ziel näher bringt.

Jetzt habe ich den ersten Schritt getan, um nicht vom Winde verweht zu werden, ich habe mich mit dem Wind verschworen, doch mein Ziel war die Insel Romvij und nicht der Liegestuhl von meinen Freunden. Wichtig war bei all der guten Fahrt, die ich aufgenommen habe, die Frage: „Bewege ich mich noch in die Richtung, in die ich ursprünglich fahren wollte?"

Beim Surfen und Segeln nennt man das „Gegen den Wind kreuzen". Ich fahre im Zick-Zack-Kurs meinem Hafen oder Traumstrand entgegen. Im normalen Leben heißt das Diplomatie.

Wechseln Sie den Kurs, wenn Sie merken, dass Sie sich zu weit von Ihrem Ziel entfernt haben. Fokussieren Sie Ihr Leben ständig neu. Hinterfragen Sie Ihre Pläne – was war ursprünglich der Grund warum Sie den Job, die Beziehung etc. begonnen haben und sind Sie wirklich noch in der Spur?

Nützen Sie den Plan, den Sie gemacht haben und hören Sie auf den Kompass in Ihrem Bauch.

In der Badehose
sind alle gleich

Auch Surflehrer haben Feierabend. Gerne genießt man einen gemütlichen Abend mit Freunden oder seinen Schülern. Kleine gemütliche Tavernen gibt es genug, und so wurde manch geselliger Abend im intimen Kreis genossen.

Alkohol darf bei so einem stimmungsvollen Zusammenkommen natürlich nicht fehlen. Die Gespräche wurden dann meist sehr intensiv und Diskussionen erweiterten mein Weltbild.

Bevor ich mich in den Flieger gequetscht hatte, um Surflehrer zu werden, hatte ich so meine Klischees. Mode, Disco, Reisen – und nur mit Menschen zu reden, die meinen Sinn für Mode, Musik und Reisen teilten. Andere betrachtete ich gerne von oben herab, wir waren ja so hip. Vergessen werden durfte natürlich auch nicht die Generation, die nicht in mein Altersschema passte. Die Auslese war dadurch sehr „elitär".

Kommen wir zurück zum Abendessen. Diese Unterhaltungen über Kochrezepte, Ausflugsziele, Landwirtschaft,

Kindererziehung, berufliche Erfolge, tolle Bücher usw. hätte ich nie mit diesen Menschen geführt, wären sie nicht meine Schüler gewesen.

Überrascht und fasziniert stellte ich fest, welches unschätzbare Wissen ich mir nur durch diese Gespräche aneignen konnte. Selbst der einfache Landwirt hatte für mich Bedeutendes zu sagen. Seine Art der Tierhaltung und seine Einstellung zur Natur haben mein Leben verändert.

Ich durfte mit Persönlichkeiten aus der Wirtschaft und der Öffentlichkeit sprechen. Da waren Firmenbosse internationaler Unternehmen, die hemdsärmelig von ihrem Lieblingsrezept vom Lamm sprachen. Funktionäre aus dem ÖSV, mit denen man sich blendend über Videofilme unterhalten konnte, oder Moderatoren, die Hilfsorganisationen unterstützten und für mich dadurch ihren oberflächlichen Eindruck verloren.

Zuhause besuchte ich diese Gesprächspartner. Sie waren andere Persönlichkeiten. Der Firmenboss hetzte in Anzug und Krawatte durch sein Büro, scheuchte Sekretärinnen in die Küche um Kaffee zu holen, nur mir gegenüber war er noch derselbe Mensch wie damals in der Badehose.

PAUSE

Bei vielen meiner Personalgesprächen, wenn es um Angst vor Führungspersönlichkeiten ging, erzählte ich die Geschichte von der Badehose und regte die Mitarbeiter an, sich ihr Gegenüber in dieser Kleidung vorzustellen.

Erlauben auch Sie sich die Kreativität und versetzen Sie Menschen gedanklich in Ihre Lieblingsurlaubsdestination und sprechen dort mit Ihnen. Geben Sie auch anderen Menschen die Chance und lernen Sie diese Menschen gedanklich im Urlaub kennen. Sie werden feststellen, die Themen werden offener, und der emotionale Faktor, der heute in vielen schlauen Büchern gefordert wird, entsteht von alleine.

WIENER SCHULE VS. HOOLIGANS

Um den Alltag für Touristen etwas abwechslungsreicher zu gestalten und die sozialen Netzwerke zu vertiefen, veranstalteten mein walisischer Surflehrer-Kollege und ich internationale Fußballspiele. Österreich gegen Großbritannien auf griechischem Boden. Das Spiel und die anschließenden Feierlichkeiten in den dörflichen Bars und Tavernen waren ein Highlight der Woche. Ian war zuständig für das Team der „Three Lions" und ich für das rot-weiß-rote Team.

Normalerweise begann die Suche nach möglichen, sportlich ambitionierten und fußballerisch tauglichen Kandidaten am Strand. Diese Woche war es von der Seite unseres Gegners her anders. Eine ganze Mannschaft aus einer englischen Grafschaft verbrachte in Tolon ihren Urlaub und suchte zwecks Training und Motivation einen Gegner.

Meine Motivation war bei dieser Mitteilung am Boden, ... ich hatte diese Jungs gesehen, wie sie täglich am Strand liefen, trainierten und ihre gesunden Körper noch weiter stählten, ... und ich sollte jetzt touristisches Schlachtvieh für eine herbe Niederlage suchen?

Mit dem Gedanken einer Absage spielend, stand ich vor meiner Surferbude und grübelte. Da kam ein älterer Wiener Herr auf mich zu. Graue Haare und wie die Wiener sagen, mit einem ordentlichen „Backhendlfriedhof" ausgestattet, erkundigte er sich im breiten Wiener Akzent: „Bist du da Erich?" - Als ich dies bejahte, folgte eine Konversation, die mich überraschte. „Spielt ihr noch immer Fußball gegen die Engländer? Mein Sohn war nämlich vor ein paar Wochen hier und hat mir davon erzählt" - „Ja", sagte ich. „Wollen Sie zuschauen?" Eigentlich eine sehr unhöfliche Reaktion meinerseits. Er antwortete jedoch voll motiviert: „NEIN – mitspielen! Meine Freunde haben sich extra ihr Fußballzeug mitgenommen."

Lieber Leser, ich darf Ihnen nun visuell die Freunde vorstellen. In den letzten Tagen waren sie mir schon durch lautstarkes Boccia-Spiel, gewürzt mit deftigem Wiener Schmäh und vor allem auch durch enorme Trinkfestigkeit aufgefallen. Da hatten wir „Mundl", nennen wir ihn ganz einfach so, da er eine markante Ähnlichkeit mit der Paraderolle von Karl Merkatz hatte. „Ernst", der kleinste der Truppe mit stattlichen geschätzten 1,60 m Größe, war das Opfer der meisten Scherze seiner Kollegen und zeichnete sich neben seiner „Hornhaut gegen Beleidigung" mit einem Paar O-Beinen aus, die jedem Cowboy Ehre gemacht hätte. Das genaue Gegenteil war Kurt. Fast zwei Meter groß und mit imposantem Bierbauch vervollständigte er dieses „Seniorenquartett".

So, jetzt hatte ich tatsächlich das Gerüst für meine Mannschaft und klapperte den Strand nach Mitspielern ab. Schließlich schaffte ich es meine Truppe zu vervollständigen.

Der Ankick stand kurz bevor, mir fehlten aber unentschuldigt ein Mann und das Wiener Quartett. Letzte Chance, um vielleicht doch noch abzusagen? Die Engländer waren mit Gesang zum Fußballfeld gelaufen und mir schwante nichts Gutes. In letzter Minute kamen meine „Oldies". Feuchtfröhlich von einem Bootsausflug, aber in voller Montur erschienen sie am Schlachtfeld.

Los ging´s! Anstoß für England und zwei Minuten später das 1:0 für die Mannen von der Insel. Der Rädelsführer der Wiener Senioren-Gang richtete sich nur den Kniestrumpf und sagte: „Jetzt haben sie das Ehrentor geschossen, jetzt können wir anfangen". Ich traute seinen Worten genauso wenig wie ich dem Anblick traute, der sich mir bot. Da standen zehn Ösis einer englischen Mannschaft gegenüber, die nur so strotzte vor Selbstvertrauen und Tatendrang.

Was dann folgte war schier unglaublich. In der Halbzeit sauste ein griechischer Junge ins Dorf und holte noch mehr Zuseher, denn was sich hier abspielte war die reinste Show.

Was wir an Laufbereitschaft nicht aufbieten konnten, wurde mit Technik und genauen Pässen locker wettgemacht. Ein Hackerl, ein Schupferl, ein Fersler da und ein Heber dort. Fußball zum Zungenschnalzen.

Am Ende hieß es 9:1 für uns.

PAUSE

Was habe ich daraus gelernt? Alkoholisiert Fußball zu spielen? Nein, sondern das Selbstvertrauen und diese absolute Sicherheit etwas zu schaffen, hat mich begeistert. Ich habe später erfahren, dass die Herren seit über 40 Jahren mehrmals wöchentlich in Wien zusammen kickten. Konsequenz und das Wissen, was sie tun und können, hat auch den Rest der Mannschaft motiviert. Vorbildwirkung gegen einen zuerst übermächtig erscheinenden Gegner, das hat mich berührt und inspiriert.

Wer gewinnen will, muss auch in schwierigen Situationen voran gehen und den Stier bei den Hörnern packen.

Unterschätze niemals deine Gegner! Unterschätze niemals deine Partner, glaube an deren Fähigkeiten und hole sie zum Vorschein, wenn sich die Chance bietet.

DON'T SHIT INTO THE SEA

Gleich vorweg möchte ich mich für meine Fäkalsprache entschuldigen. Erstens weiß doch jeder, dass man nicht ins Meer... und zweitens, was hat das schon mit Weisheit zu tun?

Mein sehr geschätzter Kollege Ian war ein begnadeter Segler und Surfer. Er verstand sein Handwerk, kannte jeden Knoten und jeden fachmännischen Ausdruck aus seinem Metier. Jahrelange Erfahrung zeichnete ihn aus, doch manchmal wollte es ihm nicht gelingen, sein Wissen an seine lernwilligen Schüler weiterzugeben.

So beobachtete ich, wie eine kleine Gruppe von Neulingen, mehr oder weniger gekonnt, versuchte die Kraft des Windes zu nutzen und ein Brett in die von ihnen gewollte Richtung zu steuern. Ein junger Mann hatte dabei erhebliche Schwierigkeiten. Der Klassiker! Der Mast neigte sich weit vom Board weg, der Oberkörper wurde nach vorne gezogen und das Gesäß wanderte weit nach hinten. Ian versuchte mit Anweisungen zu korrigieren. Halte den Mast aufrecht, Rücken gerade usw. Trotz aller Versuche veränderte es nichts an der Haltung seines Schützlings. Je öfter Ian sich kein Gehör verschaffen konnte, desto lauter wurde er und desto nervöser der junge Mann. Der Surfschüler hörte zwar die Anweisung, schien sie aber nicht zu verstehen.

Dann schaffte Ian den Durchbruch. Ein knallharter Satz: „Fuck the mast and don`t shit into the sea!"

Die Reaktion kam sofort, alles wurde nun perfekt ausgeführt.

PAUSE

Für mich war die Schlussfolgerung aus dieser kleinen Geschichte, dass das beste fachliche Wissen verloren ist, wenn man es nicht vermitteln kann. Im Laufe unserer Schulungstätigkeit haben wir unseren Unterricht immer weiter vereinfacht und die Anweisungen reduziert und hatten dadurch wesentlich höhere Erfolge und unsere Schüler mehr Freude an der Umsetzung.

Auch in normalen Kundengesprächen oder Unterhaltungen mit den Geschäftspartnern sind die gemeinsame Sprache und der gemeinsame Wissensstand das Grundkapital für gemeinsame Erfolge.
Finden Sie den kleinsten gemeinsamen Nenner, um darauf

aufbauen zu können. Finden Sie den Punkt, bevor sich Ihr Partner aus dem Gespräch geistig verabschiedet hat und beginnen Sie erneut.

Suchen Sie auch nach dramatischen Sätzen, die jemanden wachrütteln und glauben Sie an Ihre Kompetenz.

Vermeiden Sie Floskeln und „Nicht"-Anweisungen (du sollst NICHT nervös sein, NICHT links, NICHT aufrichten etc.). Konzentrieren Sie sich auf die Instruktionen, was zu tun ist und nicht, was nicht zu tun ist. Beschäftigen Sie sich in Ihrem Leben nach den gleichen Prinzipien.

Lenken Sie Ihre Gedanken und Ihr Tun auf die Lösung zum Erreichen Ihres Ziels.

SIGA SIGA

Ich möchte Sie gerne einladen Griechisch zu lernen. Keine
Zeit? Genau davon rede ich doch gerade.
Es ist nicht nur die Sprache, die ich Ihnen gerne vermitteln
möchte, sondern auch das Lebensgefühl.

Siga, Siga – sind wohl zwei der wichtigsten Worte, die man
unbedingt beherrschen muss, wenn man in Griechenland
weilt. Sie bedeuten: „Langsam, langsam."

Das Leben zu genießen, wenn es stattfindet, das beherrsch-
ten schon die alten Griechen. Im antiken Griechenland hatte
man sogar zwei Götter, die für die Zeit verantwortlich waren.

Der Gott Chronos, den wir ja auch kennen (Chronologie,
Chronograph), bestimmt also die zeitliche Abfolge von
Dingen, die Uhrzeit, den Kalender usw., die unseren Alltag
beherrschen. Je wichtiger jemand erscheinen will, desto öfter kommt schnell einmal das Satzerl: „Ich habe keine Zeit."

Der zweite Gott Kairos ist der Gott des Augenblicks. Hier
wird die Zeit relativ.

Schöne Momente scheinen wie im Flug zu vergehen, während der Besuch beim Zahnarzt oder das Warten auf einen Bus schier endlos erscheinen. Die Griechen verstehen es, dem Gott Kairos zu huldigen. Sie nehmen sich die Zeit für diesen einen Moment, der kann im Auge des Betrachters sehr unterschiedlich sein und manchmal auf Unverständnis stoßen.

Dazu meine kleine Geschichte:

Costas, der allseits sehr beliebte und sympathische Hotelier, spielte mit einem Stammgast „Backgammon". Die Würfel schepperten über das Holz und ein weiterer Gast versuchte Costas Aufmerksamkeit zu erhaschen. „He, Costa! Ich hätte gerne ein kaltes Bier!" Costa blickte kurz auf und sagte dann wie selbstverständlich: „Du weißt doch wo der Zapfhahn ist, hol es dir einfach selbst!"

PAUSE

Wie haben Sie reagiert? Typisch fauler Grieche, wir schicken denen unser gutes Geld und er strengt sich nicht an, um den Gast zu bedienen? Oder, wow ... das finde ich toll, dieses Vertrauen, echt familiär und großzügig? Egal, nur stellen Sie sich vor, Sie sind in der Rolle des Backgammonspielers! Wie empfinden Sie die Wertschätzung von Costa Ihnen gegenüber? Er ist nicht aufgesprungen, er ist ganz bei Ihnen und widmet sich Ihnen und natürlich auch dem Spiel! Im fernen Griechenland kann man das schon so machen, aber hier bei uns? Wie soll das denn funktionieren? Ganz einfach! Nehmen Sie sich bewusst Zeit für das, was Sie gerade tun und der Augenblick wird sich für Sie entscheidend verbessern.

Schalten Sie beim Essen den Fernseher aus und zelebrieren Sie jeden Bissen und jeden Schluck, den Sie trinken. Schätzen Sie den Menschen wert, der diese Speise zubereitet hat. Schalten Sie demonstrativ Ihr Handy bei Gesprächsterminen aus oder geben dem Sekretariat Bescheid, dass Sie jetzt nicht gestört werden wollen. Wie fühlt sich Ihr Gesprächspartner? Wie fühlen Sie sich selbst? Sie wissen, Sie können sich jetzt zu 100% Ihrem Gegenüber widmen.
In einer Beziehung gilt das gleiche. Legen Sie die Zeitung oder den Laptop zur Seite, wenn Sie mit Ihrem Partner oder ihrer Partnerin sprechen, hören Sie zu. Geben Sie Wertschätzung und Sie bekommen sie zurück und ernten Respekt.

Diesen „einen" Augenblick gibt es nur einmal in Ihrem Leben!

Unwissenheit wird verziehen

Die Surfschule wurde auch gern als Treffpunkt und Börse für Dorfklatsch genützt. So standen der österreichische Reiseleiter „Herbert" und ich in einem munteren Gespräch, als sich uns ein offensichtlicher Tourist näherte. Seinem Hauttyp und seiner intensiven Rötung nach war er erst kürzlich angekommen.

„Entschuldigt die Störung, bitte Herr Reiseleiter, was ist denn das für eine Mauer auf der Insel da drüben?" Herbert sagte wahrheitsgemäß: „Ich habe keine Ahnung, aber ich werde mich gerne für Sie erkundigen". Der Badegast war damit zufrieden und wanderte mit einem freundlichen Lächeln zurück zu seiner Badematte.

Ein paar Tage später wiederholte sich der Vorgang. Der Urlauber störte das Gespräch von Herbert und mir und bat um Auskunft bezüglich der kleinen Mauer auf der linken Seite der Insel Romvij.
Herbert antwortete geschmeidig: „Ja, da habe ich mich erkundigt, das ist eine Mauer, die von den Römern errichtet wurde und ein antikes Relikt ..."

Dankend und abermals zufrieden marschierte der wissbe-
gierige Sonnenanbeter von dannen. Ich nickte anerkennend
und fragte Herbert, ob das auch wirklich stimme. Er lachte
und meinte: „Ach geh, das hab ich mir gerade einfallen
lassen."

PAUSE

Herbert war zuerst in meiner Anerkennung richtig gestie-
gen. Es ist nicht leicht seine Unwissenheit einzugestehen,
doch nach dem zweiten Mal sank mein Respekt ins Minus.
In all meinen Gesprächen habe ich seither gerne zugegeben,
etwas nicht zu wissen und auch angeboten Nachforschun-
gen anzustellen, nur muss dieses Versprechen auch gehalten
werden. Eine Saison später habe ich Erkundigungen über
die Baumeister o. a. Mauer eingezogen. Tatsächlich könnten
Römer an diesem Bauwerk beteiligt gewesen sein, ... aber sicher keine antiken. Die Mauer wurde nämlich von Italienern
im zweiten Weltkrieg als Kanonenstützpunkt errichtet.

Zurück zum Urlauber. Er war zufrieden, hatte zuerst akzeptiert, keine plausible Antwort zu bekommen, war aber
zufrieden, da seinen Wünschen nachgegangen wurde.
Nach der zweiten Antwort war er auch glücklich, da er ja
eine sinnvolle und plausible Antwort bekommen hatte. Im

Zeitalter von „Google" kann so eine „Halbwahrheit" sehr gefährlich sein. Stellen Sie sich vor, der nette zufriedene Gast plaudert über dieses Thema mit anderen Urlaubern. Einer davon zückt sein Handy und findet die Wahrheit über diese römische Ausgrabung. Wie fühlt sich der erzählende Gast? Zweimal schlecht, einmal da er vom Reiseleiter belogen wurde, und zweitens als „Dumm oder als Lügner", da er selbst diese falsche Information weitergegeben hat.

Lügen haben kurze Beine! Schwächen ehrlich zuzugeben hat Größe. Perfektion kann auch im Geschäftsleben nachteilig sein, da Sie z.B. als Verkäufer zu glatt erscheinen und auf jede Frage die passende Antwort parat haben. Sie wirken rhetorisch geschult und vielleicht wie ein Schulmeister. Nachdenkpausen sind eine gute Variante. Fühlen Sie mit Ihrem Gesprächspartner und gönnen Sie sich und dem Gesprächspartner Zeit zum Überlegen.

Kleine Fehler und Unwissenheit sind nur menschlich und machen auch sympathisch.

Ungewohnt, nicht grauslich

Seit einigen Wochen versuchte ich mich einzuleben, aber meine Anpassungsfähigkeit wurde manchmal stark strapaziert. Geschmäcker sind verschieden und wenn man in einem urigen Fischerdorf seine Brötchen verdient, ist die kulinarische Abwechslung eher dürftig.

Kurz ein paar Fakten: Bevor ich meinen Horizont erweiterte und in Hellas meine Zelte aufschlug, waren einige Sachen auf meinem Speiseplan tabu. Dazu gehörten Tomaten, Joghurt, Lamm, Fisch und die Sachen, die ich nicht kannte (also eine ganze Menge).

Es hieß, zwangsweise Grenzen überschreiten, Speisen kosten, die noch niemals meinen Gaumen berührt hatten und Zutaten akzeptieren, um die ich bis dato einen Umweg gemacht hatte. Selbst der viel besungene griechische Wein war ein Rätsel für mich. Ohnehin kein Weintrinker, war die geharzte Weißwein-Variante, der sogenannte „Retsina", wie ein Brechmittel für mich. Manche Touristen tauften den Wein auch um auf „Reckt's Ihna". Nur wurde ich immer wieder mit dem Getränk konfrontiert und Tropfen für Tropfen und Glas für Glas lernte ich Gefallen daran zu finden.

Bei den Speisen erging es mir ähnlich. Heute kann ich mir einen Grillabend ohne Retsina und Tsatsiki kaum mehr vorstellen.

PAUSE

Essen hat ebenfalls mit der richtigen Einstellung zu tun.

Eine Cousine von mir verbrachte ein paar Tage ihrer Ferien bei uns. Mittags gab es Rahmsuppe. Sie sagte: „Nein, Rahmsuppe mag ich nicht!" und nervte bis zum Mittagessen, dass sie heute nichts essen wollte. Als dann die Suppe serviert wurde und dampfend mit ein paar Kartoffeln auf dem Tisch stand, jubelte sie in breitem Niederösterreichisch: „Des is jo a Sto-Suppn, di mog i!"

Ungewohnt heißt nicht unweigerlich schlecht. Auch manche Freundschaften haben den ersten Test des Kennenlernens nicht bestanden, doch mit der Zeit entdeckte man gegenseitig die Qualität dieser Beziehung. So lange wir ständig bereit sind zu lernen und Neues akzeptieren, stellt die Welt uns die tollsten Sachen zur Auswahl.

Tomaten auf den Augen und den Blick verschließen, oder Tomaten auf dem Teller und genießen.

BBQ EINMAL ANDERS

Zu den beliebtesten Ausflügen bei den erholungssuchenden Gästen gehörte sicher ein Schiffsausflug mit Grillen, eine sogenannte „Piratenfahrt". Hier spürte man die Verbundenheit der Einheimischen mit der Natur, der beeindruckenden Landschaft und den Produkten, die die lokale Landwirtschaft zu bieten hatte.

Jahrelang war es üblich, mit einem kleinen Ausflugsboot, voll beladen mit Delikatessen und reichlich „griechischem" Wein, auf die kleine Insel „Taskaljo" hinter der Insel Romvij zu tuckern und dort zu ankern. In einer bereits von Ruß geschwärzten Höhle wurden dann Lamm und andere Köstlichkeiten fachgerecht zubereitet. Während der Kapitän und gleichzeitig Koch sich mit der Fertigstellung des Mittagessens beschäftigte, durften die Passagiere an dem sehr spärlich vorhandenen Strand Platz nehmen und sich mit einigen Bechern Wein in Stimmung bringen. Nach dem Schmausen wurde mit einer Bouzouki musiziert und beim Sirtaki durften alle das Tanzbein schwingen. Bestens gelaunt wurde am späten Nachmittag die Heimreise, ca. 10-15 Minuten, wieder angetreten.

So schön dieser Tag auch gewesen ist, es blieb für manche ein trüber Nachgeschmack hängen. Nein, das Essen war hervorragend, es war vielmehr die Distanz, die zurückgelegt worden war. Einige schlaue „Piraten" hatten entdeckt, dass man diese geheime Bucht auch ohne weiteres mit dem Pedalo erreichen konnte, das Peinliche war nur, dass dann mehrere Pedalos die „Piratenparty" nur durch ihre bloße Anwesenheit störten.

Nicht nur mit Pedalos konnte man dorthin gelangen, sondern auch mit dem Windsurfboard. So gesellte ich mich unter die Gäste und unterhielt mich mit ihnen. Sie waren zwar erfreut mich zu sehen und die Piraten konnten ihre Geschicklichkeit auf einem Surfbrett ausprobieren, aber es wurden eben auch diese Kleinigkeiten, wie der wirklich winzige Strand und die kurze Fahrt, negativ bemerkt. Den Veranstaltern war dies nie aufgefallen, denn man machte das ja schon immer so!

Als ich selbst eine Piratenfahrt organisieren durfte, hinterfragte ich das normale Prozedere und erkundigte mich bei Fischern nach anderen Möglichkeiten und Stränden, wohin man solch eine Tour verlegen könnte. Die Antwort war rasch gefunden – ein kilometerlanger Strand aus feinem

Kiesel in der Nähe von Vivari war die Lösung. Dort gab es reichlich Platz und keine Störenfriede, die selbst die Initiative ergriffen. Vivari war für Einzelkämpfer zu weit weg.

Jetzt war der Fahrpreis wirklich sinnvoll und es gab keinerlei Beschwerden. Auch die Strandbeschäftigung wurde mit Spielen kurzweiliger, der Spaß brachte die Piraten in eine ausgelassene Stimmung und sorgte für Wiederholungstäter.

Ja, die Macht der Routine! Wie oft habe ich in Firmen schon Barrikaden erstürmen müssen, die umkämpft wurden, da durch die Gewohnheit und dadurch die einfache Handhabung Neuerungen nur mit großem Widerstand akzeptiert wurden.

Überlegen Sie, wo sie Ihre normalen Pfade verlassen können und brechen Sie zu neuen Ufern auf.

AVRIO

Darf ich Sie wieder zu einem kleinen Griechisch-Kurs einladen? ... Egal, ich tue es einfach. Eines der wichtigsten Worte neben Bitte, Danke, Ja und Nein, ... ist AVRIO.

Avrio klingt sehr melodisch und hat eine besondere Bedeutung, wenn es um die Lösung von Problemen geht. Das erste Mal machte ich Bekanntschaft mit „Avrio", als bei einer Halterung für unsere Surfboards etwas abgebrochen war. Ich brachte das Teil in die Werkstatt und fragte, wann es fertig sein würde und ich es abholen könnte. Die freundliche Antwort war: „Avrio!" - Avrio heißt wörtlich übersetzt: Morgen.

Was mache ich als gelernter Österreicher? Ich besuche die Werkstatt am nächsten Tag voll freudiger Erwartung, dass meine kaputte Haltevorrichtung geschweißt worden war. Höflich fragte ich nach meinem Auftrag und ob er schon erledigt sei ... Die Antwort war ebenso höflich und bestimmt: „Avrio".

So spielten wir ein paar Tage immer wieder „Fang das Avrio". Täglich suchte ich die Werkstatt auf, meine Höflichkeit kam mir schön langsam abhanden, denn die Antwort bezüglich der Fertigstellung war immer gleich: „Avrio".

Nach einigen Wochen bekam ich endlich die Halterung repariert und schön poliert mit einem Lächeln präsentiert. Mit einem freudestrahlenden Lächeln bat mich der Meister um Bezahlung der Reparatur. Ich grinste und sagte: „Avrio".

PAUSE

Wenn Sie meinen, das wäre mit gleicher Münze heimzahlen, nein, ich hatte nur schnell gelernt und mich auf die Sitten des Landes eingestellt. Das Komische daran, für den Schlossermeister schien das völlig normal zu sein. Daraus habe ich gelernt, was bei der eigenen Firma Usus ist, muss lange nicht bei jeder anderen Firma gelten.

Vor einigen Jahren hatte ich einen Geschäftspartner, der prinzipiell Rechnungen erst nach der dritten Mahnung bezahlte. Er vergraulte Lieferanten und kein noch so gutes Zureden konnte ihn von seiner Einstellung abhalten. Er argumentierte mit Zinsverlust und dass manche schon Zahlungsnachlässe gewährten, nur um ihre Forderungen zu bekommen. Das mag seine Richtigkeit haben, nur ein Schaden, der nicht in Zahlen zu belegen ist, ist der Imageschaden. Wenn es sich im Lieferantenkreis herumspricht, dass jemand schlecht und spät bezahlt, können Lieferungen ebenfalls verzögert werden oder gar ausfallen, dies wirkt sich auf das Geschäft aus. Schlimmer ist der Imageverlust, wenn dadurch Kunden betroffen sind.

Wenn ein ganzes Land „Avrio" praktiziert, ist das ein stillschweigendes Einverständnis. Ist man der Einzige, so sollte man sich sein Handeln genau überlegen.

Also dann bis morgen.

GRIECHISCHER APFELSTRUDEL

Kennen Sie das, ... Sie sind im Ausland und es überkommt Sie der Gusto nach etwas typisch Österreichischem. Kennen Sie? Ok, ... so ging es auch mir. Mehrere Wochen war ich nun in diesem kleinen idyllischen Fischerdorf und erfreute mich an allerlei griechischen kulinarischen Köstlichkeiten, einzig der Mehlspeisenbedarf konnte nur durch „Baklava" gedeckt werden. Baklava ist eine gängige Süßspeise aus Honig und Nüssen in verschiedensten Variationen.

So bummelte ich eines herrlichen Nachmittags durch die menschenleere Hauptstraße und genoss die Stille, den besonderen Duft von heißem Asphalt, gemischt mit dem aromatischen Geruch von Kräutern und Gewürzen.

Eine ganz besondere Duftwolke schwebte mir entgegen, als ich mich der ortsansässigen Bäckerei näherte. Frisches Brot mit dem Aroma von gefüllten Tomaten, die die griechischen Hausfrauen hier gemeinschaftlich im Backofen garen ließen. Mein Schritt wurde langsamer und ich schaute auf die verstaubte Auslage. Da sah ich in einer Warmhalte-Vitrine meine zu Backteig gewordene Sehnsucht nach Heimat und

Vertrautem – einen Apfelstrudel! Das Wasser lief mir im Munde zusammen. Mein Hirn schrie nur noch: „HABEN HABEN, ...“

Ich betrat den Laden und sagte in absolut verständlichem Deutsch: „Bitte den Apfelstrudel!“ – Die Verkäuferin lächelte freundlich, nickte und sagte: „Tiropita“. So, alle, die Griechisch verstehen – die Pointe ist jetzt futsch ... Alle anderen dürfen sich noch auf einen Leckerbissen freuen.

Nachdem ich bezahlt hatte und ich mein Papiersackerl mit dem wertvollen Inhalt in Händen hielt, stürmte ich aus dem Laden und die Vorfreude war unbeschreiblich, denn der Apfelstrudel war sogar noch warm, ... Ich schälte nun das Papier von meinem wahr gewordenen Traum und biss herzhaft zu ...

Tiropita – Blätterteig mit würzigem Schafskäse gefüllt! Mein Gesicht drohte mir zu entgleisen, alle Geschmacksnerven revoltierten! In meiner festen Überzeugung, etwas Süßes zu bekommen, entpuppte sich der Geschmack einfach nur, ich sage es frei heraus – ekelhaft.

Stunden später habe ich dann das Stück Bissen für Bissen verspeist und habe festgestellt: „He, das schmeckt ja doch!“

PAUSE

Die Erwartungshaltung macht es aus, ob man glücklich oder unzufrieden mit dem Resultat umgeht. Je weniger ich erwarte, desto überraschter bin ich im positiven Sinn, und genau umgekehrt verhält es sich bei allzu hohen Erwartungen. In allen Bereichen des Lebens – ob mit Geschäftspartnern, in Beziehungen oder nur in den Leistungen meines Fußballteams – zeigt sich die Enttäuschung bei zu hohen Erwartungen.

Geben Sie Menschen die Chance, Sie zu begeistern und setzen Sie auch für Ihre Mitmenschen genaue Grenzen, was diese auch von Ihnen erwarten können.

Erwartungen dosieren – und die positiven Überraschungen werden sich vervielfachen.

TSATSIKI

Warum greife ich gerade zu diesem griechischen Rezept, das doch mittlerweile bei fast allen Grillpartys in Österreich schon Einzug gehalten hat? Tsatsiki ist doch nur eine beliebte Vor- oder Zuspeise und erfreut sich in den unterschiedlichsten Varianten großer Akzeptanz.

Mir ist Tsatsiki in bleibender Erinnerung geblieben, weil es Tränen beseitigte und Konflikte verbannte.

Mit so manchem Familienoberhaupt konnte ich mitfühlen, wenn der Sprössling das aufgetischte fremdländische Essen nicht probieren wollte. Wenn alle Augen auf den Erzieher und seinen Kontrahenten gerichtet sind, ob „Mann" sich gegen seinen wehrhaften Sohn durchsetzen kann oder der Glanz der väterlichen Krone eine Trübung bekommt. Sein Kind will man nicht verhungern lassen, doch damals waren Wienerschnitzel und Frankfurter tausende Kilometer entfernt und die Speisekarte offerierte Fisch, Meeresfrüchte und hauptsächlich „Unaussprechliches".

Was leicht über die Lippen ging und wie ein japanisches Motorrad klang, wie kann es anders sein, war „Tsatsiki". Mit diesem japanischen Motorrad konnte man Kinder toll besänftigen und Mütter drückten auch gerne ein Auge zu, denn die Lösung war so einfach. Pommes mit Tsatsiki, Pommes war bekannt und vom Nachwuchs akzeptiert, und Tsatsiki ist doch gesund. Alles paletti!

Also, der Hauptgrund ist geklärt, warum ich hier mein „Geheimrezept" preisgebe, doch es gibt noch einen Grund. Wenn man dieses Gericht so sehr schätzt wie ich und dann auf den Festen von Verwandten, Firmenkollegen oder Freunden eine weiße, wässrige Sauce serviert bekommt, in der Gurkenscheiben schwimmen, dann hat das nichts mehr mit der Köstlichkeit aus Hellas zu tun.

Darum meine **Bitte,** liebe Köche und Köchinnen, probieren Sie meine Anleitungen aus, ... wenn sie keinen Unterschied merken, der Ihre Geschmacksnerven jubilieren lässt, ... dann machen Sie so weiter wie bisher.

Zutaten

- 1 Gurke – knackig schlank, 30 cm Länge und ungefähr 4-5 cm Durchmesser (bitte nicht dicker)
- 1 halber Liter griechischer Joghurt, nicht der magere, sondern der mit hohem Fettgehalt (heute sündigen wir)
- 6-8 Knoblauchzehen – je nachdem, wie groß und frisch sie sind
- 1 Esslöffel Olivenöl – selbstredend von sehr guter Qualität
- Oliven – schwarz oder grün – das Auge isst mit
- Salz und Pfeffer nach Geschmack
- 1 Geschirrtuch – alt, aber unbedingt sauber

Zubereitung

Nehmen Sie einen Kalender zur Hand – wann haben Sie vor zu grillen? – Ok, wir starten einen Tag davor mit der Zubereitung.

Die Gurke in kleine Würfel schneiden – keine Scheiben.

Die Würfel nun in das Geschirrtuch geben und dann pressen, auswinden, ... soviel Wasser wie möglich entfernen.

Dann die Gurkenwürfel in das echte griechische Joghurt geben. Die Knoblauchzehen können Sie, wie gewohnt, mit der Knoblauchpresse zerkleinern oder auf traditionellem Weg klein schneiden, mit Salz bestreuen und dann mit einer Gabel zu Paste zerquetschen. Ebenfalls rein ins Joghurt.

Gleich sind wir fertig, ... das Olivenöl dazu, gut umrühren und dann mit dem Geschirrtuch abdecken und an einem kühlen Ort aufbewahren ... am nächsten Tag noch abschmecken ...

Kali Orexi – Guten Appetit!

PS: Jetzt hätte ich es fast vergessen – die Oliven bei den einzelnen Portionen als Deko darauf schön platzieren.

Die Knoblauchausdünstung bitte nicht vergessen!
Die Kollegen im Büro werden es Ihnen danken.

WASSERSKI

Die geschützte Bucht im saronischen Golf ist ein Mekka
für Wasserskifahrer und ich nütze jede Gelegenheit hinter
einem kraftvollen Speedboot über das Wasser zu fegen. Die
Begeisterung für diesen Sport wird natürlich immer größer,
je besser man darin wird. So fuhr ich schon seit einigen
Wochen mit Monoski, doch der richtige Start wollte mir
damit nicht gelingen. Ich fuhr immer mit zwei Skiern los und
troppte einen Ski während der Fahrt, d.h. durch den Widerstand des Wassers wurde ein „Brettel" von meinen Füßen
gezogen – doch der Wasserstart fehlte mir für das Erreichen
meines nächsten Levels.

Also packte ich die Gelegenheit, die sich mir bot, beim
Schopf. Der Schwiegervater von „Mr. Yannis Waterski" wollte sich für mich die Zeit nehmen und mit mir das Experi-
ment „Wasserstart" in die Tat umsetzen.

Kurz nach Sonnenaufgang – das Meer war perfekt für unser
Unternehmen – starteten wir los. Trotz der idealen Be-
dingungen des Elements Wasser und meiner körperlichen
Konstitution, völlig ausgeschlafen und ohne jegliche Nach-

wirkungen der Nacht davor, schaffte ich es nicht ins Fahren zu kommen. Ich stürzte immer wieder, kaum dass ich das Wasser verlassen hatte. Langsam machten sich Verzweiflung, Rat- und Mutlosigkeit in mir breit.

Mein Lehrer schien dies zu merken, nickte kurz und gab mir einen entscheidenden Rat: „Wenn du denkst du fällst, dann liegst du auch schon. Stell dir vor, wie du fährst und es wird klappen!"

Mit diesen Worten in meinem Hirn verankert, ging ich in den nächsten Versuch. Es funktionierte und seitdem auch jeder weitere Versuch.

PAUSE

Diesen Spruch habe ich in vielen Situationen in meinem Leben angewandt, ob beim Sport – dadurch konnte ich Stürze vermeiden – oder im Beruf.
Ich stellte mir Erfolge und Ziele bildlich vor, verinnerlichte diese Bilder und schaffte Rekordzahlen und Umsätze. Wenn sich Erfolge nicht einstellen wollten und ich zu zweifeln begann, dachte ich ans Wasserskifahren in Griechenland und spürte wieder das Selbstvertrauen und die innere Kraft, alles erreichen zu können.

Eintrittskarten für das „Kopfkino" sind gratis und es werden nur Filme gezeigt, die Sie sehen wollen. Treffen Sie die richte Programmauswahl und setzen Sie Ihre Filme in die Tat um.

Film ab!

Judo gewinnt kein Surfduell

Meine Karriere als Surflehrer war nicht nur mit Erfolgen gesegnet – NEIN – da gab es „Franz". Franz, ein sehr sympathischer, sportlicher und überaus humorvoller Mensch, ist bis dato der einzige meiner Schüler, dem ich mein Handwerk nicht beibringen konnte.

Franz kommt zwar aus dem Mühlviertel (witzemäßig das „Ostfriesland Österreichs"), aber der Grund liegt ganz woanders. Franz ist überaus sportlich, hat den schwarzen Gürtel in Judo, ist Skilehrer, arbeitet in einem Sportgeschäft und ist knappe dreißig Jahre alt. Körperlich die besten Voraussetzungen, um erfolgreich in dieser Sportart zu sein.

Voll motiviert trafen wir uns zur ersten Stunde eines mehrtägigen Surfkurses. Wie bei allen anderen Schülern begannen wir mit dem „Trocken-Training" am Simulator, bevor es ins Wasser ging.
Franz hörte aufmerksam zu, stellte Fragen, doch je näher wir dem eigentlichen Element – dem Wind und Meer – kamen, desto mehr veränderte sich seine Körperhaltung und seine Konzentration driftete ab.

Als Franz nun auf dem Brett stand, das dem Surfer die Welt bedeutet, waren plötzlich die Ohren zu und sein Hirn nicht mehr aufnahmefähig. Wie ein Häufchen Elend saß er auf dem Board und wurde vom Wind davon getragen. Aller Zuspruch nützte nichts. Nach zwei Stunden vergeblichen Bemühens brachte ich das Wrack wieder sicher an Land. Meine Neugier war immens, da ich mir nicht erklären konnte, warum so ein Vorzeigesportler das einfach nicht schaffte, was schon zig andere vor ihm geschafft hatten. Er erklärte mir Folgendes: „Ich habe Angst, dass jemand sieht, dass ich ins Wasser falle und ich als Sportler kann mir das nicht leisten". Also vereinbarten wir für den nächsten Tag einen ganz frühen Termin am Morgen, an dem noch keine Menschen am Strand waren. Das Debakel fand seine Fortsetzung. Es war mir unmöglich Franz aufzurichten und ihn mit Erfolgserlebnissen weiter zu motivieren.

Jahre später habe ich ihn wieder in Tolon getroffen, ich habe ihm angeboten, ihn kostenlos zu unterrichten, bis er es drauf hätte, ... er wollte nicht! So bleibt ein Makel in meiner Bilanz.

PAUSE

Scham und die Angst zu versagen waren größer als das Vertrauen in sein Können, das er schon so oft bewiesen hatte.

Das Vertrauen in sich selbst und das Vertrauen in seinen Coach haben nicht ausgereicht, um einfache Dinge zu tun.

Mein Fehler war, dass ich ihn nicht erreicht habe und ihm nicht das Umfeld verschaffen konnte, damit er seine besten Leistungen ausschöpfen konnte. Auch als Chef oder Ausbildner ist man mitverantwortlich für das Scheitern seiner Untergebenen bzw. Schüler.

Angst ist ein Faktor, der leider viel zu oft Menschen an ihrer Weiterentwicklung hindert. Ob im sportlichen Umfeld, im beruflichen Alltag oder im Aufbau von zwischenmenschlichen Beziehungen. Dem Mutigen gehört die Welt!

Schultern zurück und Brust raus. Tanken Sie in Ihrem Inneren Selbstvertrauen und starten Sie erneut durch. Schritt für Schritt. Denken Sie an Erfolge, die Sie schon erlebt haben. Freuen Sie sich, die Angst besiegt zu haben – später werden Sie darüber lachen! Die Angst hat einen natürlichen Schutzfaktor, den man nicht außer Acht lassen sollte. Körperliche Risiken sind zu vermeiden!

Kein Meister ist vom Himmel gefallen, alle haben klein angefangen. Die es wagten sind halt nur diesen einen Schritt weiter.

WILLE KANN DRINKS BESORGEN

Die nächsten Zeilen sind nicht meiner Phantasie entsprungen, sondern entsprechen der absoluten Wahrheit. Esoterik und NLP waren damals noch Worte, die in meinem Lexikon nicht vorhanden waren.

Meine Cousine war gerade einige Wochen auf Besuch, um sich von Ihrem Stress als Medizinstudentin zu erholen. Neben ein paar Stunden Surfunterricht standen philosophische Gespräche bei uns auf der Tagesordnung und irgendwie kamen wir auf das Thema „Der eigene Wille kann auch andere Menschen beeinflussen". Sie als angehende Frau Doktor wollte und konnte dies auf Grund ihrer Ausbildung nicht glauben, sie wollte ein praktisches Beispiel sehen, erleben und spüren.

Also machte ich ihr folgenden Vorschlag: „Suche dir irgendjemanden hier am Strand aus, egal, ob ich ihn kenne oder nicht. Zeige nicht auf sie oder ihn, beschreibe mir kurz die Person. Ich werde diese Person weder ansprechen noch in irgendeiner Weise Kontakt aufnehmen und ich wette mit dir, dass mir diese Person innerhalb einer Stunde einen Drink bezahlt."

Abgemacht! Sie beschrieb mir einen Mann und ich manifestierte den Gedanken, dass dieser Herr mich zu einem Drink einladen würde. Das war's ... Ich ging meinen normalen Geschäften nach und dachte keinen Moment mehr an unsere Abmachung. Nach einiger Zeit verlangte die Natur ihr Recht und ich begab mich zur Toilette der nahen Bar. Als ich zurück zum Strand wollte, sprach mich einer der Gäste, die auf der Lokalterrasse saßen, an: „Hi, you are the windsurf instructor ..." So kamen wir ins Gespräch, verstanden uns prima, er bot mir neben einem Platz an seiner Seite auch ein Getränk und einen kleinen Imbiss an. Es war der Mann, den meine Cousine ausgesucht hatte.

PAUSE

Es klingt absurd, aber es war nicht nur diese eine Situation, in der mir dies gelang. Mein Leben wurde beherrscht von Wünschen, die auf die gleiche Art in Erfüllung gingen. Der Traumjob, der mir angeboten wurde, selbst die Mutter meiner Kinder habe ich auf diese Weise kennengelernt. Ich hatte totales Vertrauen und den Glauben, dass sich alles zum Guten wenden würde. Aber eines Tages passte ich mich der

Gesellschaft an und lebte nach deren Regeln. Der Alltag und die Sorgen ließen mein Talent verkümmern und, ja, sogar vergessen.

Erst jetzt finde ich wieder die Tür zu diesem Pfad der Erkenntnis. Probleme lösen sich auf und auf den ersten Moment unglücklich erscheinende Begegnungen oder Situationen ergeben dann immer sehr Positives. Nur in seinen Träumen zu leben ist sicher keine Lösung. Das Tun ist entscheidend.

Dazu ein passender Witz: „Ein Mann betet jeden Tag zu Gott, er möge doch endlich in der Lotterie gewinnen. Einige Jahrzehnte hat der Mann nun schon gebetet – ohne Resultat – und als er an seinem 50. Geburtstag abends vor seinem Bett kniend wieder den Himmelvater um sein Losglück anfleht, erscheint ihm dieser tatsächlich und sagt: `Gib mir eine Chance, kauf dir endlich ein Los`!"

Stärken Sie Ihr Unterbewusstsein und dadurch auch Ihr Selbstbewusstsein. Sie sind Ihre Visitenkarte.

Koch über Bord

Ein wöchentliches Highlight, das ich mir erst in der zweiten Saison erarbeiten konnte, war ein freier Tag. Der Ablauf entsprach mehr oder weniger immer demselben Muster.

Es ist ein oft gehörtes Klischee, dass sich Surfer und Segler nicht vertragen ... Gut, das mag schon stimmen, aber einer meiner besten Kumpel war „Tom". Er war führender Skipper bei einer englischen Yacht-Charter-Gesellschaft und er ankerte alle paar Wochen im geschützten Hafen von Tolo.

Seine Ankunft wurde in den Discos gefeiert und für den nächsten Tag wurden „Matrosen" – ich kenne das weibliche Wort für Matrosen nicht – angeheuert und ihnen das Segeln auf einer Yacht schmackhaft gemacht. Für das leibliche Wohl war ich verantwortlich und fungierte als Smutje an Bord.

So stachen wir – trotz kurzer Nacht – meist sehr zeitig in See. Der Wind blies uns hinaus in den Saronischen Golf Richtung Spetses. Auf offener See wurde dann gemütlich geluncht, geplaudert und gescherzt. Der Scherz zwischen dem Segler und dem Surfer sollte noch Auswirkungen haben.

Waren es meine schlechten Kochkünste oder ein anderes Detail – egal, aus Spaß wurde Ernst. Die Diskussion wurde immer heftiger und schließlich handgreiflich. Zuerst wurde geschubst, dann gerungen. In unserem erbitterten Wettstreit – um was auch immer – stürzten wir beide von Deck.

PLATSCH – wir lagen im Wasser. Das Boot glitt unter vollen Segeln zügig über die See und entfernte sich rasch von uns.

Die angeheuerte Besatzung brach in Panik aus und schrie um Hilfe. Aus Sorge um uns oder um das eigene Wohlergehen – das konnte ich bis heute nicht herausfinden. Es wurde wild gestikuliert und theatralisch reagiert. Bei uns Wasserratten kein Anzeichen von Nervosität – wir hatten einen Trumpf im Ärmel.

Alles war wohl arrangiert und unser Streit nur inszeniert. Wir hatten ein ca. 60 Meter langes Seil am Heck angebracht, das nun unsere Rettung war. Langsam, Griff um Griff, zogen wir uns näher und schließlich an Bord. Die Erleichterung bei den jungen Damen war jedes Mal spürbar. Der Zorn auf unseren Scherz war schnell verflogen und der Tag hatte wie immer einen friedlichen Ausklang.

PAUSE

Freud und Leid liegen oft sehr nah beieinander, nur die richtige Reihenfolge ist ausschlaggebend. „Ende gut, alles gut" darf in keiner Hollywoodproduktion fehlen. Warum gehen die Leute so gerne in die Geisterbahn oder schauen Gruselfilme? Das Adrenalin schießt durch die Venen und man fühlt die Nähe des Todes, jetzt fühlt man sich richtig lebendig.

Der sichere Alltag lässt uns oft vergessen, wie gut wir es haben. Auch Streit in einer Beziehung basiert auf derselben Grundlage, am Ende möchte man spüren, dass der Partner einen noch immer braucht und liebt.

Der berühmte „Kick" ist das Salz in der Suppe, nur – zu viele Köche oder zu viel Salz verderben den Brei.

BESCHWERDE ZWECKS BESCHWERDE

Alles ist voller Vorfreude. Eine gesunde Hektik ist zwar spürbar, aber alle neu angekommenen Urlauber strahlen um die Wette, als Sie am Flughafen die Ankunftshalle verlassen.

Alle? Nein, nicht alle! Ein einzelner Herr, dem im Abstand von zwei Metern eine Dame folgt, die sich mit ihrem Koffer abschleppt, strahlt nicht! Sein Blick schweift gereizt umher und trotz der Schweißperlen auf seiner Stirn ist sein Sakko zugeknöpft. Auch er selbst scheint sehr zugeknöpft.

Hilfsbereit gehe ich auf den Mann zu und frage ihn, ob ich ihm helfen kann und wie ich ihn bei seiner Suche unterstützen kann. „Danke", sagt er „dies ist nicht nötig", holt dafür ein kleines Notizheft aus der Innentasche seiner Jacke und notiert, dabei laut mitlesend: „Ankunft Flughafen, der Reiseleiter ist nicht da."

Da ich nun mithören durfte, wo sein Problem lag, fragte ich ihn nach seinem Reiseveranstalter. Er nannte den Namen und ich konnte ihm sofort den für ihn zuständigen Reiseleiter zeigen. Ein kurzes Danke war die Antwort und er kramte wieder seine Schreibutensilien hervor und schrieb weiter, wieder hörbar kommentierend: „ Reiseleiter nach langer Suche gefunden, hatte sich hinter einer Säule versteckt."

Die Karawane von Neuankömmlingen begab sich dann Richtung wartender Autobusse und ich konnte den Herrn ein zweites Mal in Aktion erleben. Er kommandierte mit dem anscheinend nur griechisch sprechenden Buschauffeur herum, wies auf seinen „Magister-Titel" hin und forderte eine besondere Behandlung seines Gepäcks. Seine Frau stand leicht abseits und schien mir demonstrativ wegzublicken. Er war nun voll in seinem Element und wieder zückte er Kugelschreiber und Heftchen ... „Buschauffeur spricht kein Deutsch, Buschauffeur lässt Sorgfalt mit Gepäck vermissen".

Mein Blick suchte nach „Bernhard", dem Mann, der den Herrn Magister die nächste Zeit betreuen durfte. Schnell hatte ich ihn zur Seite gebeten und ihn auf die Situation aufmerksam gemacht. Er bedankte sich und düste dann mit seiner Gruppe los.

Monate später, nach Ablauf der Saison, traf ich Bernhard wieder und erkundigte mich nach diesem speziellen Gast.

„Oh ja", sagte er, „der war schon was Besonderes, am Ende seines Urlaubes sandte er einen über 27 Seiten langen Beschwerdebrief mit Schreibmaschine getippten Punkten an den Veranstalter".

PAUSE

Damals waren Reklamationen meist wirklich begründet und nicht nur fadenscheinige Argumente, um Geld rückerstattet zu bekommen. Selbst wenn die Absicht des Beschwerdeführers darin lag, seine Urlaubskosten zu minimieren, was war das für ein Urlaub, wenn ich von vornherein nach dem Negativen suche?

Das Leben ist nicht perfekt.

Es liegt an der Einstellung, wie man Dinge sieht und ob man sich an Situationen erfreuen kann.

Man muss nicht alles durch die „Rosa Brille" sehen und durch das Leben schweben, im Gegenteil, man soll auch seine Meinung bei Missständen kundtun, nur so können Fehler ausgemerzt und Abläufe verbessert werden. Geht man mit Sachlichkeit und Fakten mit den zu behebenden Mängeln um, sollte für beide Seiten eine befriedigende Lösung gefunden werden.

Beschwerden sind Chancen für Verbesserung! Sind Beschwerden an der Tagesordnung und werden bei Ansprechpartnern zur Routine, wird man als „Nörgler" abgestempelt, nicht mehr ernst genommen und vielleicht gute Verbesserungsvorschläge verpuffen „ungehört".

BODYBUILDER

Mitte der Saison verirrten sich auch einige Amerikaner nach Tolon. Er war einer von ihnen. Er, nennen wir ihn „Steve", kam eines Nachmittags zu uns, um ein Surfbrett auszuleihen. Steve schien einem Journal für Bodybuilding entsprungen zu sein. Braun gebrannt und Muskelberge, wo immer man hinblickte. Wir fragten nach seinen Kenntnissen im Surfsport und er schüttelte den Kopf. Absolut keine Ahnung, aber er wollte auch keinen Unterricht. Wir wählten für ihn das kleinste Segel (für Kinder) und gaben ihm ein breites Board, das kaum wackelte. Er mietete die Gerätschaft für eine Stunde und stakste los.

Schon nach zwanzig Minuten kam er völlig erschöpft und außer Atem wieder. „Mann, ist das anstrengend". Zahlte und verschwand. Am nächsten Tag wiederholte sich das Schauspiel. Er holte sich seine Ausrüstung, wollte keinen Unterricht und wenig später kam er erschöpft zurück. Dies vollzog sich mehrere Tage. Zu meiner Schande muss ich gestehen, ich hatte ihn nie wirklich beobachtet, was er denn so „Anstrengendes" machte, denn selbst kleine Kinder surften bei uns.

Nun hatte ich das Glück, ihn zu beobachten. Der Mann stand auf dem Surfbrett, ging wie ein Gewichtheber in die Knie und griff mit beiden Händen auf den Gabelbaum (für alle Nichtsurfer: das ist das geschwungene Ding, das fix mit dem Mast verbunden ist, an dem man sich festhält). Also, er hielt sich mit beiden Händen am Gabelbaum fest und zog nun mit aller Kraft und beiden Händen, eben wie ein Gewichtheber, den Gabelbaum aus dem Wasser. Das Segel ist an und für sich nicht schwer, doch wenn sich auf einer 3 m² großen Plastikfläche Wasser sammelt, ergibt das viele Liter und sehr viel Gewicht, das er mit einem Ruck heben wollte. Durch seine Kraft gelang ihm das auch, nur wesentlich schneller als normal üblich. Das Wasser schoss vom Segel, das Segel sauste aus dem Wasser und er hatte keinen Gegendruck mehr. Das Segel und der Mast kamen ihm rasend entgegen und er fiel rückwärts ins Wasser. Unbeirrt kletterte er wieder auf das Board und begann von vorne ... Es gibt da die griechische Sage von Sisyphos, der sich abquälte, einen Stein auf einen Berg zu rollen. Steve war eine moderne Version davon, allerdings konnte ihm geholfen werden.

Mit schnellen Schritten war ich bei ihm und sagte Steve: „Du bist ein guter Kunde von uns, darum gebe ich dir einen kostenlosen Tipp: benutze das Seil, das am Mast fixiert ist und das Segel kommt einfach und im richtigen Tempo aus dem Wasser." Ein paar Minuten später surfte er – zwar krumm und zappelig, aber er surfte.

PAUSE

Leider habe ich von Steve kein Foto, Smartphones und YouTube waren noch nicht erfunden. Für die Lehre, die ich daraus gezogen habe, brauche ich auch keine bildliche Darstellung. Der größte Wille – und den hatte Steve – reicht nur bis zu einer gewissen Grenze. Es ist sehr hilfreich, einen Lehrer oder Coach im Leben zu haben.

Firmen können neue Mitarbeiter ins kalte Wasser werfen, es soll schon vorgekommen sein, dass Vorarbeiter hämisch grinsend bei solchen Missgeschicken daneben gestanden sind. Es gibt auch vorbildliche Betriebe, in denen der Neuling wie in eine Familie eingeführt wird und Tagesabläufe nicht nur gezeigt, sondern auch erklärt bekommt.

Für Selbstständige bieten Unternehmensberater ihre Dienste an, oder man besucht Schulungen. Die Kosten dafür können sich schnell amortisieren.

Der Wille ist wichtig und durch Lehrer kann der Erfolg multipliziert werden.

Delphine sind ein Glückssymbol

Man kennt Sie, die Reiseleiter, die Herren und Damen der Touristikbranche, die nur das Beste für ihre Gäste wollen, ja und natürlich auch Ausflüge verkaufen möchten, um ihr oft spärliches Gehalt aufzubessern oder einfach die Anordnung des Chefs zu befolgen. Manche von ihnen machen das relativ aufdringlich und uncharmant. Eine Methode, die mir persönlich sehr sympathisch war, möchte ich hier gerne wiedergeben.

Der Herr Reiseleiter bummelt den Strand entlang. Lässig seine Tasche über die Schulter geschwungen, hat er seine Bürostunden dorthin verlegt, wo seine Schäfchen bzw. Kunden sind – ans Meer. Hin und wieder stoppt er und unterhält sich mit Sonnenöl gestylten Urlaubern.

Neben den normalen Begrüßungsfloskeln wurde eine interessante und spannende Frage gestellt. So einfach sie auch war, genau so raffiniert wurde sie platziert. „Sie waren doch gestern auf dem Schiffsausflug nach Hydra, wie hat es Ihnen gefallen?"

Hoch motiviert erzählte der Urlauber in schönsten Tönen

von der malerischen Insel, den netten Shops, seinen kulinarischen Eindrücken usw.

Man merkte auch bei den anderen, sich auf Badetüchern oder in Liegestühlen rekelnden Sonnenanbetern, dass sich die Ohren spitzten. Der Erzähler hatte die volle Aufmerksamkeit. Als der Redefluss ins Stocken kam, stellte der Reiseleiter eine zweite Frage: „Haben Sie auch Delphine gesehen?" Jetzt gab es zwei Möglichkeiten: Ja oder Nein. Es war aber egal, der Gast erzählte entweder überschwänglich von der Sichtung oder wie viel Pech sie hatten, weil normalerweise immer wieder Delphine das Ausflugsboot begleiten würden.

Nachdem der Ausflugsgast seine „Werbung" beendet hatte, kamen schon die ersten der Zuhörer und baten den Reiseleiter um Tickets für die nächste Fahrt oder erkundigten sich zumindest über Details zur Inselsafari.

PAUSE

Der beste Verkäufer ist der zufriedene Kunde! Bringen Sie Ihren Kunden dazu, über Ihren „Delphin" zu schwärmen. Dass man als Verkäufer gute Argumente für sein Produkt hat, ist logisch, nur der Käufer bleibt skeptisch, da er ja genau weiß, worauf der wortgewandte Vertreter oder Geschäftsmann hinaus will. Genauso wenig vertraut man auf plakative Werbung, die ja bezahlt ist und natürlich auch gefakt sein kann.

Das meiste Vertrauen bringt man natürlicherweise zufriedenen Kunden entgegen, die spontan von ihren positiven Erfahrungen erzählen. Wenn Sie es schaffen solche Situationen zu erzeugen, in denen potentielle Neukunden mit Stammkunden ins Gespräch kommen, kann ich Sie nur beglückwünschen.

Mundpropaganda ist die beste Werbung – wenn sie ehrlich ist, ist sie unbezahlbar. Nutzen Sie die Macht der dritten Person, nur überzeugen Sie sich davon, dass diese auch wirklich zufrieden mit Ihrer Leistung ist, sonst spüren Sie die Kraft eines Bumerangs.

Schmuck von der Insel

Hydra – ich habe es hier schon ein paar Mal erwähnt – erfreut sich großer Beliebtheit bei den alpinen und anglophilen Touristen. Kaum in Hydra angekommen, ist man verzaubert vom Charme der Häuser, Gässchen und Lokale. Sollten Sie einmal die Gelegenheit haben, nutzen Sie sie, diese Insel zu besuchen. Nehmen Sie sich auch die Zeit, sie wirklich zu entdecken und fallen Sie nicht gleich in eines der Restau-

rants in Hafennähe, nicht nur, weil diese teurer sind, sondern weil Ihnen vielleicht danach die Portionen zu schwer im Magen liegen, um noch auf Forschungsmission zu gehen. Egal, ich treibe die Story mal voran. Immer wieder erzählten die Inselrückkehrer eine erstaunliche Begebenheit.

Die Gäste flanierten in einer kleinen Gruppe entlang der zahlreichen Tavernen, Souvenirshops und natürlich auch Schmuckläden. Plötzlich lief ein Mann aus einem Juwelierladen auf sie zu.

„Ihr seid Österreicher!" – anscheinend hat er unseren Akzent erkannt ... wahrheitsgetreu antwortet das kleine Grüppchen „Ja", ... und schon ging's weiter, ... „Von wo?" – „Aus Oberösterreich" – „Ah, Oberösterreich, sehr schön, kommen Sie aus Linz?" – „ Nein, aus Laakirchen" – „Ist das in der Nähe von Linz?" – „Ja", ... und so ging die Unterhaltung munter weiter.

In bester Laune wurden die Österreicher nun zu einem kalten Getränk ins klimatisierte Geschäft eingeladen. Die Freundschaft wurde besiegelt und der Ladeninhaber erzählte von seinen anderen Freunden aus Linz. Die Stimmung war bereits sehr gut und wurde noch besser, als nun Spezialrabatte von 70 % für die Freunde aus „Austria" angeboten wurden. Ringe, Armreifen etc. tauschten den Besitzer.

Euphorisch und mit dem Wissen, einen guten Deal gemacht zu haben, begab sich die Schar wieder auf die Rückreise nach Tolon. Beim Bummeln Richtung Abendessen begutachtete man die in den Schmuckgeschäften des Ortes ausgestellten Goldstücke und wollte sich nochmals an seinen Schnäppchen erfreuen.
Die Überraschung war groß, allerdings nicht positiv.
Hier waren die regulären Preise günstiger als der Freundschaftspreis auf der fernen Insel.

PAUSE

Nepp und Bauernfängerei – Nein! Ich bin überzeugt davon, dass in dem Moment, als der Kauf getätigt wurde, sogar noch mehr bezahlt worden wäre, denn die Stimmung und die Inszenierung des Händlers waren schon ihr Geld wert.

Oft wurde ich gefragt, was ich von der „Ware", die gekauft wurde, halte und ob es das ausgegebene Geld wert sei.

Meine Antwort war immer: Wieviel Sie auch immer dafür ausgegeben haben, in dem Moment war es Ihnen das wert.

Manche geben ihr Geld für Urlaube, Bildung, Autos, Schmuck, Kunst oder gutes Essen aus und dem Anderen sind diese Ausgaben nur unverständlich. Jeder Mensch hat seine eigenen Vorstellungen.

Zum Thema Vorstellung noch ein Gedanke: Sollten Sie auf der Seite des Verkäufers sein, bieten Sie Ihrem Kunden eine Vorstellung, die ihn begeistert. Ich meine nicht, dass Sie ihn über den Tisch ziehen sollten. Bieten Sie eine Beratung, fachliche Kompetenz, Humor und ehrliches Interesse am Menschen, der bei Ihnen kaufen will. Ich wünsche Ihnen dabei viel Erfolg.

Empathie und Sympathie sind die besten Verkäufer, der Preis ist oft nur Nebensache!

EPIDAUROS

Ein Ausflugsziel möchte ich unbedingt besonders hervorheben, es zählt für mich zu den schönsten Ausgrabungsstätten der Welt, die ich besuchen durfte: **Epidauros.**
Nur eine halbe Stunde Fahrzeit von Tolon entfernt, ist es doch eine Zeitreise und ermöglicht das Eintauchen in eine längst vergangene Kultur und Epoche, die die Menschheit maßgeblich geprägt haben.
Die Anreise ist bereits ein Teil der Metamorphose, die man

bewusst auswählen sollte.

Es gibt die Möglichkeit mit dem öffentlichen Bus – durch traditionelle Dörfer mit vielen Stopps – die Reise anzutreten. Mit einem gemieteten motorisierten Zweirad spürt man die warme Luft und kann individuell Foto- oder Imbissstopps einlegen. Nachteil – keine Klimaanlage und eine gewisse Verletzungsgefahr durch teilweise sehr rutschige Straßen, Staub und Nässe. Das Mietauto bietet wesentlich mehr Komfort und ist das schnellste Vehikel, das uns ans Ziel bringt. Eine weitere Möglichkeit ist ein offizieller und organisierter Ausflugsbus mit Fremdenführer.

Jede der vier Varianten hat neben dem Kostenfaktor auch „spirituell" seine Berechtigung. Entschleunigt sein Ziel zu erreichen ist sicher hilfreich, da man auch in Epidauros selbst die Eindrücke auf sich wirken lassen soll. Kommt man noch gestresst dort an, verliert sich das Flair. Ich habe alle möglichen Anreisen getestet und spreche aus eigenen Erfahrungen.

Ist man an der archäologischen Ausgrabungsstätte angekommen, begibt sich der Besucher zu Fuß auf einem breiten, gepflasterten Weg langsam über beschauliche Kurven durch einen mediterranen Wald ins Amphitheater.

Der erste Eindruck ist überwältigend. Kolossal reihen sich Stufe um Stufe aneinander und passen sich architektonisch der ursprünglichen Landschaft an. Man spürt die Geschichte und die Kultur einer längst vergangenen Epoche. Und wiederum Stufe um Stufe erklimmt man das Theater. Man ist beeindruckt von der Aussicht und der Baukunst der alten Griechen.

Doch das Highlight ist ein Hörgenuss. Sollten Sie in der glücklichen Lage sein, dass ein stimmgewaltiger Fremdenführer seine Gruppe musikalisch begeistern will, dann herzliche Gratulation. Auch ein Selbsttest ist möglich. Bitten

Sie einen aus Ihrer Reisegemeinschaft, eine Münze im Mittelkreis des Theaters fallen zu lassen! Sie werden selbst oben am höchsten Rang das metallische „Kling" vernehmen.

Während der Sommermonate gibt es in Epidauros Vorführungen von internationalen Orchestern oder die klassische Variante in antiken Kostümen und Sprechgesang. Diese Veranstaltungen sind stets ausgebucht und finden unter freiem Himmel – meist bei Mondschein – statt. 14.000 Zuschauer harren gespannt auf Steinsitzen lauschend und staunend. Bei einer dieser Aufführungen konnte man deutlich hören. GRRRK – GRRRK – GRRRK ... Ein Schauspieler hatte neue Lederschuhe ... und man konnte diese bis in die obersten Reihen knarren hören.

PAUSE

Diese ausführliche Schilderung ist notwendig, um nur einen Teil davon zu verstehen, was tatsächlich IMMER passiert. Der berühmte Vorführeffekt! Man kann vieles nicht verstehen, bis jemand zeigt, dass und wie es funktioniert. Es ist ein Zaubertrick, den der Magier nicht erklärt und der doch das Publikum ins Staunen versetzt. Es ist die Einfachheit und nicht das Wissen oder die Ausführung des Professors, die die Zuseher fesselt.

Die Faszination Epidauros liegt in dem Rätsel, das Architekten bis dato nicht lösen konnten, nämlich, wie diese phantastische Akustik funktioniert. Doch neben all den Fakten und Zahlen, die so mancher Theoretiker präsentiert, bleibt beim „normalen" Gast oder Touristen nur der WOW-Effekt im Gedächtnis hängen.

Sollten auch Sie Präsentationen oder Vorträge planen, planen sie auch den WOW-Effekt mit ein. Zahlen kann man nachlesen, jedoch sollten Sie es schaffen, mit einem einfachen Effekt Ihre Zuhörer zu begeistern, haben Sie für lange Zeit gewonnen. Lenken Sie bei Präsentationen das Auditorium nicht mit Ihrem Wissen und einer Flut von Zahlen ab, wenn es sich dabei um keinen reinen Fachvortag handelt.

Lassen Sie die Dinge einfach wirken. Wollen Sie Hustensaft verkaufen, interessieren kaum jemanden die chemische Zusammensetzung und der Abfüllungsort. Er soll gesund sein, rasch Linderung bringen und keine negativen Nebenwirkungen haben.

Viel Spaß, Erfolg und auch Geduld bei der Suche nach diesem speziellen Moment.

Ein kleiner Moment kann große Wirkung haben.

WENN LEHRER LEHRER LEHREN

In der Badehose sind alle gleich und auf dem Surfbrett sowieso.

Mitte meiner ersten Saison – ich war inzwischen ganz gut in meinem Job – fanden sich zwei Damen und ein Herr bei mir zum Surfkurs ein. Der genaue Ablauf wurde hinterfragt und jedes Detail musste ich möglichst schon im Vorab erzählen. Nachdem die anfänglichen Bedenken beseitigt waren, legten wir los. Drei Tage mit allen Schikanen: Simulator, im Meer sämtliche Manöver durchführen, einen Dreiecks-Parcours absurfen und die theoretische Prüfung mit Selbstrettung absolvieren. Dann gab es das Diplom für einen international gültigen Surfschein, der es erlaubte, an allen Gewässern Bretter zu mieten und in See zu stechen.

Als den Schülern die Zertifikate übergeben wurden, hatten diese auch eine Überraschung für mich. Einen Blumentopf mit Windsurf-Segeln, die von irgendwelchen Cocktails stammten und eine Ansichtskarte mit einem Esel als Hauptmotiv. Die Zeilen darauf waren mein schönstes Danke. Es stellte sich heraus, dass meine drei Schüler normalerweise

selbst das Zepter im Unterricht schwingen und Lehrer waren. Sie bewunderten meine „Eselsgeduld" und meine Stur-
heit, mit denen ich mit ihnen gepaukt hatte – aber dennoch
liebevoll ihnen diese windige Sportart näher bringen wollte.

Gerührt, nicht wegen dieser Geste, vielmehr, dass sie es als
Besonderheit angesehen hatten, was ich tagtäglich machte, war ich beinahe sprachlos. Mir war selbst nicht mehr
bewusst, dass ich trotz Routine noch nicht abgestumpft war
und jedem Einzelnen etwas ganz Besonderes für sein Geld
bieten wollte.

PAUSE

Wie sieht das im Alltag in der täglichen Routine aus? Jahre später habe ich meinen Traumjob als Reiseleiter gekündigt, obwohl alles bestens lief. Der Grund: Routine – die Kunden merkten es ganz sicher nicht, aber ich selbst merkte einen gewissen „Schlendrian" und ich machte mir das Leben wesentlich einfacher als zu Beginn meiner Karriere. Ich tat zwar immer noch mehr als die meisten meiner Kollegen. Mir selbst konnte ich aber nichts vormachen.

Ein Job sollte nicht nur Job sein. Wenn Sie es schaffen, dass

ihr Beruf zur Berufung wird, haben Sie gewonnen – Sie müssen nie mehr arbeiten, denn alles, was Sie tun, macht Ihnen Spaß und erfüllt Sie mit Freude und Befriedigung. Das Schönste wäre, wenn Sie das, was Sie tun, auch ohne Bezahlung gerne tun würden. Diese Berufung kommt nicht von heute auf morgen – erforschen Sie Ihr Bauchgefühl. Brechen Sie mit Regeln, es ist Ihr Leben und Ihre Chance, das zu tun, was Sie schon immer tun wollten.

Lieben Sie Ihre Berufung nach vielen Jahren noch genau so wie am ersten Tag.

GRUPPENDYNAMIK SCHLÄGT TRAUTE ZWEISAMKEIT

Zu diesem Thema gibt es mehr als nur eine Anekdote. Gerne möchte ich stellvertretend diese Story erzählen.

Karin und Hubert waren zwei typische Urlauber, die den genauso typischen Beschäftigungen nachgingen. Tagsüber sah man sie am Strand oder sie nahmen einen kulturellen Ausflug in Anspruch, abends in eine kleine Taverne und Bar und zurück ins Hotel.

Nach einer Woche Aufenthalt waren sie zwar noch immer gut gelaunt, doch irgendwie merkte man den beiden „Langweile" an. Konnte das sein?

So ging es auch anderen Paaren, teilweise sah man sie stumm an Tischen sitzen, Weinkaraffen anstarren oder den Blick auf die romantisch beleuchtete Insel Coronis gerichtet.

Bei meinen Touren durch die Gässchen und Kneipen machte ich sehr oft diese Entdeckung und fand dazu auch eine Lösung. Mit einem lockeren Spruch auf den Lippen gesellte ich mich zu Karin und Hubert, erkundigte mich nach ihren Interessen, ihrer Herkunft usw. … bis ich einen gemeinsamen Punkt gefunden hatte, um die beiden einem anderen Paar, an einem der Nachbartische, vorzustellen.

„He Karin, die Heidi da drüben macht auch Yoga, ...“ und – schwupps – wurden Tische zusammengestellt und die Unterhaltung kam ins Laufen.

Tage später sah ich die beiden Paare laut lachend gemeinsam durch die Straßen ziehen und kurz bevor sie in den Transferbus Richtung Flughafen stiegen, bedankten sie sich bei mir für die herrliche Zeit.

PAUSE

Niemand hat die Kraft und die Strahlkraft alle Menschen in seinem Umfeld glücklich zu machen. Bringen Sie Menschen mit gleichen Interessen zusammen.
Freuen Sie sich mit ihnen, wenn eine harmonische Beziehung daraus entsteht.

Auch in Ihrem beruflichem Umfeld oder Netzwerk versuchen Sie gleichgesinnte Teams zu formen, die sich gegenseitig inspirieren und motivieren.

Selbst ein freundschaftlicher Wettbewerb kann für Sie und Ihre Firma von größtem Nutzen sein.

Sollten Sie durch eine „Verkuppelung" von Freunden nur

mehr das fünfte Rad am Wagen sein, seien Sie dankbar und genießen Sie die gewonnene Zeit für eigene Interessen.

Geteilte Freude ist doppelte Freude!

Einfach zum Schmunzeln

Lachen ist die beste Medizin und Lachen ist gesund. Um meine geschätzte Leserschaft möglichst lange fit und fröhlich zu halten, sind die folgenden Episoden rein therapeutisch zu verstehen und ohne Hintergedanken und Pausen einfach zu konsumieren.

Korinth – der Kanal

Jeden Freitag wurden die Gäste ausgetauscht und die Transferbusse pendelten zwischen Tolon und dem Athener Flughafen. Ein Zwischenstopp wurde jeweils am Kanal von Korinth eingelegt. Der ideale Stopp, da er zeitlich genau in der Mitte lag und den Gästen eine besondere Sehenswürdigkeit geboten werden konnte. So passierte folgende Geschichte früh morgens oder besser gesagt mitten in der Nacht um ca. 2 Uhr früh.

Der Reiseleiter teilte den Leuten mit, dass man nun hier am Kanal von Korinth eine kurze Pause machen würde und er gerne ein paar Erklärungen über dieses besondere Bauwerk machen würde und bat die Gruppe ihm zu folgen. Auf der

Brücke über dem Kanal standen alle dicht an dicht, um den Worten des Reiseleiters zu folgen.

„Die Länge ist 6,3 km, die Tiefe 76 Meter und die Breite 23 Meter, ..." Der Reiseleiter musste laut sprechen und teilweise sogar unterbrechen, da hinter ihm LKWs über die Brücke donnerten. Ein Gast beobachtete aufmerksam den Reiseleiter, lauschte gespannt seinen Ausführungen, nickte zwischendurch und blickte immer wieder hinunter in die Tiefe des Kanals und in das Gesicht des Reiseleiters. Als dieser seine obligate Zahlen- und Faktenaufzählung beendet hatte, stellte der – wahrscheinlich sehr übermüdete – Gast folgende Frage: „Entschuldigung Herr Reiseleiter, wo erwischen wir denn die Fähre, die uns über den Kanal bringt?" ...
Ja, es war früh morgens.

Korinth – der vergessene Gast

Bleiben wir noch kurz am Kanal von Korinth – für eine zweite Geschichte.
Die Pause war beendet, alle Neuankömmlinge begaben sich wieder in den Bus und der Reiseleiter fragte über das Mikrofon, ob alle wieder an Bord seien und ob niemand abgehen würde. Als kein Veto eingelegt wurde, setzte sich der Bus

wieder in Bewegung. Der Reiseleiter ging durch den Bus, um sich mit seinen neuen Anvertrauten zu unterhalten und um sie besser kennen zu lernen.

Da kam er zu einem Mann, der alleine saß und verträumt aus dem Fenster blickte. Der Reiseleiter fragte ihn: „Sie waren doch vorhin noch zu zweit, wo ist denn Ihre Gattin?" Der Mann antwortete sofort: „Die steht noch am Kanal von Korinth." Der Reiseleiter blickte überrascht und leicht schockiert. „Ich habe doch extra gefragt, ob alle da sind und ob jemand abgeht!" Der ganz relaxte Ehemann sagte: „Ja, aber sie geht mir ja nicht ab."

Das Boot in der Hauptstraße

Eine der beliebtesten Ausflüge, wenn nicht „DER" Ausflug schlechthin, war ein Bootstrip nach Hydra und Spetses. Alle Reiseleiter schrieben sich für diesen Kundenwunsch die Finger wund. Die beiden Inseln, vor allem Hydra, waren ein begehrtes Ziel. Die klassischen weißen Häuser mit den blauen Fenstern, die den Betrachtern so typisch von allen Ansichtskarten und Kalendern entgegen strahlten, die träumerischen Gässchen und die fast kuscheligen Esel hatten es den Urlaubern angetan. Das Büro war leicht erreichbar und lag ideal an der Hauptstraße. Die Klimaanlage war ein Grund, verschwitzte Gäste in die gute Stube zu locken und natürlich auch der Wunsch, eine kleine Schiffsreise zu buchen. Die Reiseleiter hatten viel zu tun und Ausflugsblöcke wurden leer bzw. voll geschrieben, um den Kundenandrang zu bewältigen. Es wurde den Kunden genau erklärt, was sie an diesem Tag erwarten würde und wann genau das Schiff den Hafen verlassen würde.

Egal welche Nation, welcher Reiseleiter – irgendwann kam doch diese eine Frage, und sie kam mindestens einmal pro Woche: „Wo erwischen wir denn das Boot? Hier direkt vor dem Büro?" – Ja ja, so ein Urlaub ist oft sehr anstrengend.

Das Frühstücksbrot

Ein guter Freund von mir, Ralf, ein Deutscher, jobbte in einem Supermarkt und erzählte mir von einer speziellen „Lehrstunde".

Ein deutscher Tourist kam in den Supermarkt und sagte: „Good Morning, do you have breakfast bread?" – Ralf sagte daraufhin in Deutsch: „Nein, wir haben kein Brot, das gibt es beim Bäcker!" Der deutsche Gast blieb aber hartnäckig:

„No, I mean breakfast bread!" Ralf blieb ruhig und sagte: „Ich spreche Deutsch, ich bin Deutscher, Sie können Deutsch mit mir sprechen. Wir haben kein Brot, das gibt es nur beim Bäcker!"

Der Gast, etwas konsterniert, schüttelte seinen Kopf und äußerte nochmals seinen Wunsch: „Ich suche nach einem Frühstücks-BRETT." Gleiche Sprache – und doch Verständigungsschwierigkeiten ...

Hunde, die bellen ...

Lehrer – auch wenn es nur Surflehrer sind – haben auch ein Recht auf Freizeit, wobei der nächtliche Umzug durch die örtlichen Diskotheken ja auch der Kundenakquise galt. Als ich eines Nachts wieder auf Kundenanbahnungstour war, stand ich an der Bar der Disco „Muses", unterhielt mich mit Kollegen und beobachtete ein intensives Gespräch eines konkurrierenden Surflehrers mit einem Restaurantbesitzer.

Das Besondere daran war, dass die beiden oft in meine Richtung blickten und der Mitbewerber auch mit dem Kopf zu mir deutete.

Es vergingen ein paar Minuten und der Gastronom schritt aufgeplustert auf mich zu. Seine drahtige Figur beschränkte sich auf gerade 170 cm, er stellte sich vor mich hin und bat mich, mit ihm nach draußen zu kommen.

Nach „draußen" bedeutet normalerweise nichts Gutes, also war ich auf der Hut und meine Sinne waren geschärft. Was

mich jedoch vor dem Eingang in einer dunklen Nische erwartete, damit hatte ich nicht gerechnet. Mit böse funkelnden Augen warf er mir giftig vor, dass ich sein Lokal bei den Touristen schlecht mache und er mich „abstechen" würde, wenn er das nochmals hören würde.

Mit meiner Selbstbeherrschung war es nun vorbei.
Ich musste lachen. Ich sagte ihm: „Erstens, schau dich an und dann schau mich an" – ich war mindestens einen Kopf größer und einige Kilo schwerer – „ich habe keine Angst vor dir und zweitens – und das ist viel wichtiger – ich war gestern bei dir essen und ich habe dich sogar mehrmals empfohlen.
Auf Grund deiner Drohungen werde ich dir sicher keine Gäste mehr schicken und ich sage auch Thassos (dem Eigentümer der Disco) Bescheid, denn ich war gestern mit ihm in deinem Lokal."

Ich wandte mich um und ging schnurstracks in das Tanzlokal und zu meinem Freund Thassos, um ihn von den Neuigkeiten zu unterrichten. Thassos reagierte prompt. Er verwies die beiden Unruhestifter aus seinem Musiktempel und entschuldigte sich bei mir für die Unannehmlichkeiten.

PAUSE

Auseinandersetzungen in Discos sind auch bei uns gang und gäbe, nur ich durfte daraus wieder einiges lernen.

Der Grund der Auseinandersetzung war lächerlich und hätte peinlich werden können, wenn es der Wahrheit entsprochen hätte. Lügen haben kurze Beine, in diesem Fall schoss sich der Kollege ein Eigentor, da er sich auch bei dem angestachelten Lokalbesitzer sicher nicht beliebt gemacht hat.

Ein Eigentor hat sich auch der Gastronom geschossen, da er die erhaltenen Informationen nicht überprüft hatte und sich emotional sofort in einen Kampf geworfen hatte. Darum sollte man immer schauen, von wem die Nachricht kommt, ob der Bote dadurch einen Nutzen hat, das Mitgeteilte wirklich selbst erlebt hat und bezeugen kann.

Bei Drohgebärden sollte man auch an eine eventuelle Umsetzung denken – ob diese auch tatsächlich möglich ist und nicht etwa im Reich der Phantasie angesiedelt ist. Mit Angst zu arbeiten kann – wie auch in diesem Fall – kontraproduktiv sein. Es wäre sicher vernünftiger gemeinsame Lösungen und erst im zweiten Schritt den Konflikt zu suchen.

Emotion ist kein guter Ratgeber.
Bevor man das Kriegsbeil ausgräbt, ist es ratsam alle Fakten zu überprüfen.

MARATHON, DAS IST DOCH WAS MIT LAUFEN

Marathon, ein Vorort von Athen, gelangte zu Weltruhm, als ein antiker Läufer die Kunde des Sieges über die in Griechenland einfallenden Perser im Laufschritt in das ca. 42 km entfernte Athen brachte. Diese Distanz ist heute eine olympische Laufdistanz und erfreut sich weltweit bei vielen Läufern großer Beliebtheit und dient als sportlicher Ansporn. Nur, warum begibt sich ein Hobbysportler oder Laufmuffel auf diese Distanz? In den 80er-Jahren hatte von einem Laufpapst namens „Strunz" noch niemand etwas gehört und der Laufboom steckte noch nicht einmal in den Kinderschuhen.

Ian, mein Surfschulpartner, hatte von irgendjemandem gehört, dass irgendwann im September in Athen ein Marathon stattfinden würde. Aus einer Weinlaune heraus beschloss er daran teilzunehmen. Anfänglich zog ich ihn deshalb gerne bei so mancher Gelegenheit auf, bis ich schließlich selbst Blut geleckt hatte. Wir beschlossen beide zu trainieren, und wer eine Woche vor dem Wettbewerb die bessere Kondition bzw. schnellere Zeit über 10 km laufen sollte, durfte die Surfschule verlassen und am Athener Marathon teilnehmen.

Also wurde „trainiert". Wir hatten „Leiberln", eine kurze Hose, sprich Shorts und Turnschuhe, demnach kein richtiges Laufequipment, geschweige denn einen Trainingsplan. Ian hatte zwei Vorteile: seine Freundin, die ihn beim Abspulen von Kilometern mit ihrem Moped begleitete und ihm dabei gut zu sprach und seine Freundin, für die er ein Held sein wollte. So trabten wir abends oder morgens durch Orangenplantagen, über verstaubte Landstraßen und wurden von den Einheimischen nur komisch belächelt. Kopfschütteln und mitleidiges Grinsen, ... ja die Ausländer. Warum eilig laufen, wenn man auch langsam zum Ziel kommt?

Der Tag der Entscheidung kam, ... und wie sollte es anders sein, Ian war klar der Beste und er durfte zum Event in die Hauptstadt Griechenlands. Ob es die strapaziöse Anreise war oder irgendein anderer Grund, gewonnen hat er dort jedenfalls nicht.

PAUSE

Jahrzehnte später erfüllte ich mir den Traum des absolvierten Marathonlaufs, dann aber gleich mehrmals. Besser vorbereitet bezüglich Material, sportlicher Fitness und der geistigen Einstellung, schaffte ich diese Distanz immer mit einem gesunden Lächeln im Gesicht. Die Motivation seit damals hatte sich stark verändert. Damals war es mir im Prinzip egal und im Hinterkopf hatte ich auch immer den Gedanken: „Warum soll ich mir diese Tortur antun und als Belohnung eventuell Schmerzen auf mich nehmen?

Jahre später dachte ich anders. Marathon war für mich mythisch geworden und ich verglich diesen Sport mit dem Leben. Man muss sich manche Dinge hart erarbeiten. Man braucht einen Plan, Ausdauer, Konsequenz und den Willen, auch harte Zeiten durchzustehen. Man muss seine Kräfte einteilen, manchmal für langsameres Tempo sorgen und wenn es geht in der Planung Labungsstationen einplanen. Wie weit kann man ein Team für sein Training und für den Wettbewerb engagieren, wer ist bereit eventuell diesen Weg auch gemeinsam zu laufen und was ist meine Motivation durchzuhalten?

Einen Marathon nur aus Spaß heraus anzugehen kann zwar den gewünschten Erfolg bringen, es sollte neben diesem Faktor jedoch auch die nötige Ernsthaftigkeit und Planung dabei sein.

Plane ich mein Leben wie einen Marathon oder bin ich ein Sprinter und gebe auf, wenn es hart wird?

Autsch

Der schönste Urlaub kann auch Nebengeräusche haben,
dabei meine ich nicht die lärmenden Nachbarn oder streu-

nende Katzen.

Gemeint sind die körperlichen Unannehmlichkeiten, die entstehen, wenn Konsum von Sonne oder einheimischer Kost etwas zu viel in Anspruch genommen wurde, nämlich Sonnenbrand und Bauchprobleme.

Sonnenbrand

Vorbeugen ist besser als heilen. Manche Fischer schwören auf Olivenöl, mit Zitronen und anderen Zutaten als Sonnenschutz, nur glaube ich, dass diese spezielle Rezeptur nicht jedem Mitteleuropäer bekommt.

Sollte es dann doch passiert sein, dass die Haut gerötet ist, so gibt es ein paar Hausmittel, um die schlimmsten Schmerzen zu stillen.

Griechisches Joghurt kühlt und führt der Haut wichtige Nährstoffe zu. Bitte nach dem Einwirken unbedingt duschen, ich bekam für meinen Rat einmal eine Beschwerde von einer Dame, da sich ihre Zimmerkollegin nicht gereinigt hatte und dann herzhaft würzig zu stinken begonnen hatte.

Eine weitere Möglichkeit den Körper zu kühlen ist, Tomaten in Scheiben geschnitten aufzulegen, hat aber den Nachteil, dass weiße Ränder zurück bleiben.

Generell viel zu trinken hilft, besonders frisch gepresster Organgensaft.

Magen-Darm-Probleme

Ein Hausmittel ist eine Reissuppe mit Zitronenschleim. Leichte Gemüsesuppe mit Reis aufdicken und mit Zitrone verfeinern, das wird gerne auch von Hoteliers oder in Tavernen angeboten.

Für mich DER Tipp schlechthin – schmeckt scheußlich, aber er wirkt: Griechischer oder Türkischer Kaffee, kein Espresso, sondern einer, in dem noch der Kaffeesatz beinhaltet ist. Der Kaffeesatz wird mit Zitrone versetzt und ausgelöffelt.

Innerhalb kürzester Zeit ist alles in bester Ordnung. Dieser Tipp brachte mir zahlreiche Schüler wieder fit aufs Surfbrett.

Alltagsmedizin

Humor heilt viele Wunden! Achtung bei der Dosierung! Nebenwirkung: Bauchkrämpfe.

WIE MAN SICH SETZT, SO GENIESST MAN

Jedes Land hat so seine Eigenheiten, ob beim Essen, Trinken oder den alltäglichen Gewohnheiten. Um sich den kulturellen Gegebenheiten des Gastlandes schnellstmöglich anzupassen, besucht man gerne einen griechischen Abend. Neben den Schmankerln und der Musik gibt es auch sonst einiges zu entdecken.

Ein Utensil, das normalerweise keine Gebrauchsanweisung – genauso wenig wie die meisten Bücher – braucht, ist der Sessel oder Stuhl.

Der klassische griechische Stuhl besteht aus Holz und einer geflochtenen Sitzfläche und ist teilweise in manchen Regionen bereits zum Aussterben verurteilt. Gerne wird er durch bequeme Plastikstühle ersetzt, da diese leichter zu reinigen sind und auch bei vielen Gästen als bequemer eingestuft werden. Die alten traditionellen Stühle haben nämlich so ihre Tücken. Nach längerem Sitzen schneiden die Kanten in die Unterseite der Oberschenkel ein und neben einem weithin sichtbaren Eindruck erzeugen diese Druckpunkte auch einen schmerzhaften Beigeschmack. Zieht man jedoch offenen Auges durch die Lande, sieht man, wie sich die Ureinwohner darauf platzieren. Nicht gerade in westeuropäischer Manier mit beiden Oberschenkeln an der Frontseite ausgerichtet, sondern der Sessel wird diagonal gestellt und ein Bein baumelt links von der Ecke und das zweite Bein rechts davon herunter. Jetzt ergibt sich ein weiterer positiver Nebeneffekt, man kann einen Arm gemütlich auf die Lehne aufstützten. Locker aus dem Handgelenk schwingend komplettiert das „Koboloi", ein kleines Perlenkettchen – unserem Rosenkranz sehr ähnlich –, das Sitzvergnügen. Ein kleiner Kaffee auf dem Tisch davor und das Leben ist perfekt.

PAUSE

Dieses Gesamtbild ist Kultur. Jahrhundertelange Erfahrungen haben dieses „Kunstwerk" kreiert. Ändert man nur ein Detail, den Sessel, ändert sich die Haltung und dadurch auch die Stimmung. Es sind oft die Nuancen in unserem Leben, die uns eine Situation als an- oder unangenehm erscheinen lassen.
Ob bei sportlichen Übungen oder im beruflichen Alltag – die Lehrmeister können mit oft nur kleinen Änderungen Kraftaufwand oder Schmerzen minimieren und dadurch

auch ihr Glücksgefühl und ihren Erfolg steigern.

Suchen Sie nach Coaches, die Ihren Alltag und auch die tägliche Routine durchleuchten und Ihnen Tipps für manche Tätigkeiten geben.

Das Rad ist schon erfunden, man muss es nur immer wieder neu entdecken.

PIRATENPARTY

Ein verschlafenes Fischerdorf und kein hyperaktives Animationsteam weit und breit. Cluburlaube sind noch ein Geheimtipp und irgendwo in Griechenland gab es einen oder zwei Club Med.

Die Idee, dass Gäste unterhalten werden möchten, hatten auch wir, nur leider kein Budget und keine organisatorischen Hilfsmittel. Not macht erfinderisch und der Teamgeist macht das Übrige. Spontan wollten wir – was wird von Surfern schon erwartet – eine Piratenparty am Strand feiern.

Der Faktor Zeit, den normalerweise alle Organisatoren von diversen Veranstaltungen und Events zur Verfügung haben, hatten wir nicht. Unsere Partywütigen würden ja bald wieder im Flieger Richtung Heimat sitzen. Rasch handeln war die Devise. Ein Rohkonzept wurde prompt erstellt, jeder übernahm einen passenden Part und los ging's. Ian war für die Werbung verantwortlich, ... er machte fünf Kopien eines von einem Au-pair-Mädchen gezeichneten Flyers und schlug diese in ein paar Hotels ans Infoboard. Er sprach mit drei Reiseleitern und erzählte ihnen vom geplanten Event.

Mir oblag das Programm und mit Showeffekten sollte etwas Außergewöhnliches geschaffen werden. Zwei am Strand geparkte Autos sollten mit ihren Scheinwerfern die Szenerie beleuchten. Surfboards sollten zu Kriegsschiffen umfunktioniert werden, auf denen sich Kontrahenten gegenseitig ins Wasser stoßen müssten. Um das Publikum bei Laune zu halten, füllten wir Plastiksackerln mit Wasser, die dann auf die beiden Kämpfenden geworfen werden sollten. Seile fürs Seilziehen und weitere Spielchen wurden organisiert.

Wir hatten mit 50 bis 60 Piraten gerechnet, die sich diesen Spaß nicht entgehen lassen wollten. Ian hatte einen tollen Job gemacht, ... an die vierhundert verkleidete Touristen strömten zu dem Spektakel!

Die Masse war kaum zu bremsen und das Highlight, die Seeschlacht, entwickelte sich etwas anders als geplant. Die Wasserbomben trafen kein einziges Mal das geplante Ziel. Die Schlacht wurde einfach ans Ufer verlegt und die Bomben platzten an den Köpfen und Körpern der zuschauenden und grölenden Horde.

Die Nachwirkungen der Schlacht konnte man am nächsten Tag noch deutlich sehen: Plastikreste am Sandstrand und Alkoholleichen in den Liegestühlen…

PAUSE

Spontane Feiern, die allen Beteiligten die Möglichkeit zur Improvisation und Interaktion geben, sind für Organisatoren ein Horror, aber ein grenzenloser Spaß für die Beteiligten.

Die Bewerbung ist ein interessanter Punkt. Oft durfte ich an großen Events und Roadshows mitwirken. Es mag brutal klingen, aber es ist meine persönliche Feststellung und Erfahrung: Je größer ein Ort oder eine Stadt, umso kostspieliger ist der Werbeaufwand. Mit ein und derselben Veranstaltung konnte ich in kleineren Orten ausverkaufte Häuser begeistern, aber in der Landeshauptstadt Linz schafften wir – trotz medialer Unterstützung – kaum fünfzig Personen in die Halle des Design Centers zu locken. Der Grund war der Mitbewerb und eine wahre Informationsflut. Für unsere Piratenparty hatten wir keine Gegenveranstaltung und die Reizüberflutung durch TV und Internet gab es nicht.

In einem anderen Kapitel wird das Thema „Empfehlung" behandelt, darum nur ganz kurz: Die beste Werbung ist Mundpropaganda! Bei unserer Piratenparty wollte jeder dabei sein und jeder sprach davon, ... ein Traum für jeden Veranstalter.

Schaffe ein Thema, über das alle reden und dabei sein möchten!

TRINKSPIELE

In geselliger Runde sollte keine Langeweile aufkommen. Wenn trotzdem die Anzeichen auf Fadesse stehen, dann sind hier schnell ein paar Rätsel angeführt, Stimmungsmacher oder einfache Animation zum feuchtfröhlichen Gedankenaustausch.

Der 1er zählt

Man benötigt hier einen Würfel oder ein Kartenspiel. Je nach Anzahl der Mitspieler kann man die Regeln variieren. Nehmen wir an, Sie haben einen Würfel, sind zu viert an oder in einer Bar und Sie möchten nicht nur sinnlos in sich hineinschütten, sondern auch Neues ausprobieren und die gut bestückte Bar testen. Der Würfel darf rollen!

Ein Freiwilliger beginnt oder es wird gelost. Jeder darf einmal würfeln, ausgenommen es kommt eine „1". Dann MUSS nochmals gewürfelt werden. Die ersten drei Male sind harmlos. Die oder derjenige, der die vierte „1" würfelt, darf einen Drink bestellen – aber Achtung, es geht noch weiter.

Die fünfte „1" kostet das Getränk – wirklich der beste Job an dem Spiel. Die sechste „1" trinkt das Glas leer – das ist schon heftig. Was folgt, ist der siebte „1er" und der darf den Spaß bezahlen.

Mit Spielkarten, ähnlich wie mit dem Würfel, nur hier zählen die Buben, ... oder wer es neutral machen will, kann auch Damen oder Asse nehmen – Prost!

Münzen versenken

Ein Schälchen, in dem vorher vielleicht Nüsschen oder Ähnliches war, kann schnell als Spielgerät umfunktioniert werden. Ein Bierdeckel und ein Würfel sind genauso notwendig wie 5-6 Münzen für jeden Teilnehmer, am besten sind es vom Wert her einheitliche Geldstücke.

Der Bierdeckel bekommt nun in die Mitte ein Loch gestanzt, ungefähr in der Größe der Münzen. Mit Kugelschreiber oder ähnlichem Gerät werden nun die Zahlen von 1-5 kreisförmig auf den Bierdeckel geschrieben. Ähnliches Prozedere wie beim ersten Spiel, Freiwilliger darf beginnen. Es würfelt jeder solange wie er will bzw. kann. D. h. sind die

Zahlen auf dem Bierdeckel frei, kann der Spieler eine seiner Münzen darauf legen, ist die Zahl schon belegt, muss er die darauf liegende Münze an sich nehmen und zu seinem bisherigen Münzstapel dazu geben. Würfelt der Spieler/In eine „6", so verschwindet die Münze im Schlitz in der Mitte des Bierdeckels. Bei einer „6" muss weiter gewürfelt werden.

Sieger ist, wer keine Münzen mehr hat, nach dem letzten Mal Würfeln keine „6" hatte und auf ein freies Feld kommt. Der Sieger bekommt die Münzen, ... ob er damit eine Runde zahlen darf ... Sie entscheiden.

Alkotest mit Korken

Sie brauchen zwei Korken und eine kleine Geschichte, die Sie gerne abwandeln können. Ich erzähle Ihnen meine Variante: Nachdem in Griechenland überall Sparmaßnahmen wahrgenommen werden, musste auch die Polizei sparen. Die Polizisten führen deshalb folgenden Alkotest durch. Sie nehmen die zwei Korken, einen in die linke Hand, den anderen in die rechte Hand. Der Polizist sagt: „Ich zeige Ihnen nun dreimal etwas vor, das Sie bitte nachmachen. Schaffen Sie es nach dem dritten Mal nicht, ist der Führerschein weg."

Ich darf Sie nun zum Selbsttest einladen. Staunen und erlernen Sie diesen „Trick" im Internet. Im Video sehen Sie, wie es gemacht wird:

Viel Spaß beim Üben!

Münzen in zwei Linien

Sie benötigen sechs Münzen und stellen die Frage: Wer kann zwei gerade Linien machen, in der jeweils 4 Münzen sind? Die Linien dürfen sich auch berühren, aber es müssen deutlich zwei Linien sein.

Klingt unmöglich – ist es auch, wenn man nur zweidimensional denkt.

Der Wow-Effekt – einfach eine Münze an der Kreuzung auf eine andere legen – schon hat man jeweils vier in eine Richtung.

Becherspiel

Drei Gläser möglichst ohne Stiel oder Becher aus Holz, Glas oder Plastik – egal, jedenfalls ohne Inhalt. Die Becher werden in einer Reihe so platziert:

- Linkes Glas nach unten offen
- Mittleres Glas nach oben offen
- Rechtes Glas nach unten offen.

Vorführung:

Sie erzählen: „Wir machen jetzt einen Alkoholtest, jeder kann mitmachen, sollte jemand dahinter kommen wie es funktioniert, nicht herausschreien, nichts sagen ... zuerst mir ins Ohr flüstern, dann dürfen Sie es zeigen!" – Stundenlange Unterhaltung garantiert, wenn alle dicht halten, bis der/die Letzte dahinter gekommen ist.

1. Sie nehmen das linke und das mittlere Glas und drehen sie um.
2. Sie nehmen die beiden äußeren Gläsern und drehen sie um.
3. Sie nehmen nun das mittlere und das rechte Glas und drehen sie um.

Es sind nun alle Gläser nach oben offen – Sie erklären nun, dass jemand Freiwilliger das nachmachen darf. Also dreimal jeweils zwei Gläser umdrehen und dann sind alle drei Gläser nach oben offen. WICHTIG: Jetzt kommt der eigentliche „Alkoholtest"!

Sie stellen die Gläser wie folgt dem Kandidaten auf den Tisch:

- Linkes Glas nach oben offen
- Mittleres Glas nach unten offen
- Rechtes Glas nach oben offen

Jetzt ist es unmöglich, nach drei Versuchen alle drei Gefäße nach oben zu öffnen.

Übrigens, das kann Nächte und viele Getränke dauern, bis alle den Trick durchschaut haben. Sie können auch mal jemanden gewinnen lassen.

Viel Spaß beim Testen!

Verdammt, der Bus ist weg

Endlich hatte ich wieder einmal frei. Ich wollte mich mit dem öffentlichen Bus nach Nauplia, der ersten griechischen Hauptstadt, begeben und etwas Abwechslung und Kultur in meinen Alltag bringen. Voller Vorfreude und dennoch spät dran, lief ich Richtung Hafen zur Bushaltestelle.

Etwas außer Atem und verschwitzt erreichte ich mein Ziel und wartete ungeduldig auf den Bus. Der wollte einfach nicht kommen, dann checkte ich nochmals den Zeitplan und kam zu dem Schluss – der Bus ist weg. Sofort probierte ich meine neu erlernten Griechisch-Kenntnisse aus und fluchte lauthals vor mich hin.

Da kam Giorgo Kremidis (hoffe, man schreibt ihn wirklich so). Übrigens heißt Kremidis übersetzt Zwiebel. Giorgo in seiner „traditionellen" Fischeruniform, blaue Arbeitshose, weißes T-Shirt und Badeschlapfen, trug neben zwei Eimern ein verschmitztes Lächeln im Gesicht. „Giasou", also „Servus", sagte er und fragte mich nach dem Grund meiner miesen Laune. Der „... Bus ist mir davon gefahren" – war meine Antwort.

Seine kleinen, unheimlich freundlichen Augen lächelten noch mehr und er stellte mir lapidar eine Frage, die mein Leben veränderte: „UND, kannst du es ändern?"

PAUSE

Diesen Satz wirken lassen? Mich hat er damals erschüttert und umgekrempelt. Jeder ist seines Glückes Schmied. „Nicht jammern, sondern ändern" ist seit damals mein Leitspruch, und schönes oder schlechtes Wetter gibt es für mich nicht mehr, ich kann es ja ohnehin nicht ändern.

Jedoch jedes andere Element in meinem Leben kann ich hinterfragen – ob Geschäftsbeziehung, Wohnung oder Partnerschaft: ich kann es ändern oder mich damit abfinden.

Mit diesem Wissen im Gepäck fuhr ich eines Tages von einem Geschäftsmeeting von Wien Richtung Linz, um bei einer Veranstaltung die Moderation zu übernehmen.

Die berühmte Süd-Ost-Tangente hatte etwas gegen mein pünktliches Erscheinen in der oberösterreichischen Landeshauptstadt und gönnte mir einen ihrer berühmten Staus. Im Handyzeitalter informierte ich den Veranstalter über eine mögliche verspätete Ankunft meinerseits.

Eine Schimpftirade war die Reaktion und er würde mich wegen Nichteinhaltung eines Vertrages zur Rechenschaft ziehen usw. Ich schluckte kräftig und akzeptierte die Situation. Ich konnte nichts ändern, überlegte mir Lösungen und während ich noch überlegte, löste sich der Stau in Wohlgefallen auf und ich erreichte den Veranstaltungsort überpünktlich.

Die Präsentation wurde ein voller Erfolg.

Verwende deine Energie für Dinge, die du ändern kannst und vor allem ändern willst – und akzeptiere das Unabwendbare.

OUZO

Bei den Welcome-Cocktails in Hotels, Bars und Veranstaltungsräumen werden neben alkoholfreien Getränken auch immer zwei heimische Drinks serviert: Metaxa, der heimische Brandy, und das weiße Nationalgetränk Ouzo.

Auf den ersten Blick schaut Ouzo einem Glas „Odol" sehr ähnlich und manche frisch Angereisten sagten, dass er auch so schmecken würde. Ouzo hat einige besondere Fähigkeiten und ist mit Vorsicht zu genießen.

Erfrischend wird das Getränk als Aperitif oder auch zum Essen konsumiert.

Ouzo hilft gegen Magenprobleme – ein Gläschen auf nüchternen Magen hilft.

Ouzo hilft auch gegen Moskitos. Man kann sich damit einreiben, aber ein Glas am Nachtkästchen zeigt auch Wirkung. Noch einfacher ist es ihn zu trinken.

Ouzo reinigt und ist auch hilfreich bei Zahnschmerzen.

Überliefert und nicht belegt ist, dass Ouzo Liebeskummer beseitigt, ... vielleicht für ein paar Stunden. Sollte man zu tief in das Glas geschaut haben, ist es schlimm. Aus Erzäh-

lungen und Beobachtungen dürfte es sich um körperliche Beschwerden, besonders der Atmung, handeln.
Der nächste Tag birgt eine weitere Gefahr. Ouzo kristallisiert im Magen und bei der Zufuhr von Wasser löst sich der Alkohol wieder auf, gelangt erneut in die Blutbahn und ein berauschter Zustand ist die Folge.

Oktopus mit Ouzo ist eine Delikatesse.
Die einheimischen Männer schwören auf die aphrodisierende Wirkung.

Prost – Giammas

YANNIS

Wasserski ist bei Touristen ein sehr beliebtes Freizeitvergnügen und entlockt je nach sportlichem Engagement Glücksgefühle. Speziell am Morgen über das Meer zu gleiten, das wie ein blauer See aus Öl ruhig in der Bucht auf seine Besucher wartet. In dieser herrlichen und perfekten Umgebung für Wasserski gibt es einen Mann, den man ruhig „Mr. Wasserki" nennen kann – Yannis. Ein griechischer Mann, der aus einem Heldenepos entsprungen sein könnte, aber doch auch ein richtiger typischer Grieche. Er macht alles nach „seiner" Zeit und natürlich auch nach „seiner" Methode.

Es ergab sich, dass ich Zeuge einer spannenden und für mich lehrreichen Unterhaltung wurde.

Einer der österreichischen Gäste – ich wusste, er arbeitete zu Hause im Marketing einer großen Firma – wollte sein Knowhow gerne seinem einheimischen Freund Yannis weitergeben, da er gerade fasziniert von einem Wasserski-Trip retour gekommen war. „Hör mal Yannis, wenn du deine Wasserki-Runden etwas preisgünstiger anbieten würdest, ca. um 20 %, dann hättest du wesentlich mehr Gäste und würdest daraus gewaltig profitieren." So oder so ähnlich, aber absolut sinngemäß, wurde die Botschaft vermittelt. Ich dachte mir damals, das klingt logisch, denn auch ich fand seine Preise leicht überhöht.

Yannis lächelte und antworte in seiner typischen Art: „Ella file mou, ... (griechisch für He, mein Freund), du hast vollkommen recht, ich könnte die Preise senken und hätte sicher dadurch mehr Kunden, ... stimmt, jedoch hätte ich mehr Fahrten und dadurch mehr Benzinkosten und vor allem würden meine Motoren schneller verschleißen. Ich habe jetzt die Saison auf einen Motor kalkuliert. Ich habe kurz mal nachgerechnet, du schlägst mir vor, niedrigere Preise zu verlangen, doppelt so viel zu arbeiten und dann mit etwas mehr Gewinn dazustehen. Nein, da mach ich lieber länger Siesta, habe weniger Kunden und genieße das Leben."

PAUSE

Wer hat jetzt recht gehabt? Antworten Sie nicht zu schnell, denn ich sehe es im internationalen Wettbewerb, wie viele Firmen noch günstiger anbieten, um am Markt mitzumischen. Es wird in Wachstum investiert und man liefert sich dadurch Banken und oder Großkonzernen aus. Landwirte, die ursprünglich regional belieferten und ein gutes Auskommen hatten, haben aus strategischen Überlegungen Verträge mit Großabnehmern unterzeichnet. Später musste man günstiger produzieren, um mehr Absatz zu haben. Am Jahresende, oder nach mehreren Jahren, stellten sie dann fest, dass sie wesentlich mehr arbeiten mussten, höheres Risiko hatten und mit kaum merklich höherem Gewinn ausstiegen. Das Image, ein Großbauer zu sein, kann schon teuer sein.

Gesundschrumpfung ist das Gegenteil von krankhaftem Wachstum. Kein Baum wächst in den Himmel. Schnelle Entwicklung darf nicht im Wildwuchs enden.

Mastbruch ist kein Beinbruch

Es war ein ganz besonderer Tag. Das Morgenrot hatte dieses Mal eine bläuliche Note. Irgendwie schien die Natur Pause zu machen. Kein Vogelgezwitscher, das Meer war majestätisch ruhig und man spürte die Kraft, die davon ausging. Es waren noch kaum Touristen am Strand. Ian jedoch wieselte ganz aufgeregt hin und her. „Es kommt ein Sturm – geiles Wetter zum Surfen!" Jetzt hatte auch mich das Fieber gepackt! Schnell rannte ich in unser Surflager, einen Hinterhof

einer kleinen Taverne und machte mein Board fertig. Schon während der Vorbereitungsphase frischte der Wind merklich auf.

Der Morgen war wirklich die sprichwörtliche Ruhe vor dem Sturm gewesen. Inzwischen knallte der Wind mächtig in die Bucht und die Vorfreude war kaum mehr zu bändigen. Ian hatte ein paar Minuten Vorsprung und sauste bereits hinaus aufs Meer und hinein ins Vergnügen. Endlich konnte auch ich los starten und bretterte mit einem Lachen im Gesicht neuen Abenteuern entgegen.

So schossen wir immer wieder aus der geschützten Bucht hinaus in den Saronischen Golf, wo die See merklich rauer war. Das Adrenalin pumpte durch meine Adern. Die Muskeln waren gespannt und alle Sinne auf den Wind und etwaige Böen gerichtet. Sicher war all die Anspannung schuld, dass ich nicht merkte, dass nur noch drei Surfer ihre Segeln in den Wind hielten. Ian und ein Surflehrer von einer anderen Schule teilten sich mit mir das Revier. Als ich wieder Richtung offenem Meer flog, kamen mir die beiden laut schreiend entgegen. Ich konnte nichts verstehen. Also setzte ich meine Fahrt unbeirrt fort. Nur wenige Augenblicke später bemerkte ich den Grund ihrer Schreie.

Das Meer! Da waren keine Wellen! Zumindest keine Wellen im herkömmlichen Sinn! Der Wind peitschte das Wasser auf und blies die Kronen einfach weg. Es kam eine Wasserwand auf mich zu geflogen. Wie eine Lawine wälzte sich die Masse auf mich zu. Das Lachen in meinem Gesicht war verschwunden. Nur noch eine Devise stand im Vordergrund – weg! Eine rasche Wendung Richtung Strand und schon ging die wilde Jagd so richtig los. Ich spürte, wie die Wand aus Wasser immer näher kam. Ich roch das Salz, das durch den Wind aufgewirbelt wurde, und spürte, wie ich wie von einer Riesenfaust gepackt und hoch in die Luft geschleudert wurde. Ich flog über den Masten und wurde ins Meer katapultiert. Wasser schlug über mir zusammen. Ich tauchte auf, keuchte und suchte das Board, um mich festzuhalten – ohne das Brett war die Lage für mich ziemlich dramatisch.

Da sah ich es. Der Mast war gebrochen, das Segel zerfetzt und dennoch meine Zuflucht! Mit wenigen Kraulschlägen erreichte ich mein Floß. Fast zwei Stunden kämpfte ich mit Wind und Wellen, um wieder sicheren Boden unter den Füßen zu haben.

Erschöpft und überaus glücklich schleppte ich die Überreste am Strand entlang, um zu meinem Ausgangspunkt zurückzukehren.

PAUSE

Es war die überstandene Gefahr, die dieses Glücksgefühl ausgelöst hatte, ja und auch irgendwie der Stolz, als einziger der Natur getrotzt zu haben. Im Nachhinein betrachtet war ich mir immer sicher, dass mir nichts passieren konnte. Trotz aller Widrigkeiten wusste ich um meine Ausbildung. Ich vertraute in meine Fähigkeiten und sah auch immer das rettende Ziel vor Augen. Ich hatte immer meine Perspektive im Auge und wusste, es war nur eine Frage der Zeit, das rettende Ufer zu erreichen.

Aus Niederlagen lernen und auf Können vertrauen.

NACHMITTAGSSHOW

Wenn die morgendlichen Kurseinheiten vorbei waren und das Mittagessen so halbwegs verdaut war und bevor sich der Körper wieder in Aktivitätsmodus begab, war es für uns Zeit, eine Vorstellung für alle Strandurlauber abzuhalten.

Es war der Anspruch von Ian und mir, stets neue Elemente und Überraschungen in unser Programm einzubauen. Wochenlang übten wir einen besonderen Trick. Wir fuhren zu zweit mit einem Windsurfboard ein Stück hinaus und surften gemütlich durch die Fischerboote. Ian kletterte dann auf meine Schultern. Das klingt relativ einfach, doch alleine diesen „leichten" Balanceakt durften wir mit einigen Stürzen und Abschürfungen bezahlen. Endlich hatten wir ein System gefunden, wo dies relativ sicher und zügig vonstatten ging.

Der nächste Schritt war nicht nur auf meinen Schulten zu sitzen, sondern zu stehen. Auch das wurde bald gemeistert. Der finale Höhepunkt war, auf meinen Schultern stehend, ein Glas Bier zu trinken. Die Zuseher am Strand, die anfangs herzlich über unsere Versuche lachen konnten, spendeten dieses Mal kräftigen Applaus.

Des Künstlers ehrlichste Bezahlung.

PAUSE

Diese kurze Geschichte beinhaltet sogar zwei Weisheiten für mich.

Erstens versuchten wir täglich unsere Grenzen neu auszuloten. Ständig war unsere Kreativität gefordert. Wir waren ständig lösungsorientiert und zogen beide am gleichen Strang. Die Harmonie in unserem täglichen Handeln war sicher deshalb möglich, da wir beide dasselbe Ziel verfolgten. Das heißt, in jeder Firma oder Beziehung werden Sie sich klar, wo die gemeinsamen Interessen liegen, wo die gemeinsamen Ziele sind und was Sie dafür bereit sind zu tun!

Zweitens war der eigentliche Grund, warum wir diese Show vor dieser Kulisse abzogen, neue Kunden zu gewinnen. Wir waren unser eigenes Werbeunternehmen. Wir zeigten unseren potentiellen Schülern, welchen Spaß unser Produkt – das Windsurfen – machen konnte. Wir zeigten auch, dass noch kein Meister vom Himmel gefallen ist, im Gegenteil, auch Meister ins Wasser fallen können und es keine Schande ist zu scheitern.

Wieder hochzuklettern und einen neuen Versuch zu starten,

bis sich der gewünschte Erfolg einstellt, das wollten wir auch unseren zukünftigen Kursteilnehmern vermitteln. Im Unterricht würde es für uns wesentlich leichter sein zu sagen: „Schaut, auch wir sind zigmal gestürzt, bis wir den Dreh raus hatten!" Grenzen neu ausloten und ein Vorbild sein, ist vielleicht die Essenz dieser sportlichen Showeinlage.

Meister fallen auch ins Wasser, wenn man damit Menschen glücklich machen kann.

I'M SINGIN' IN THE RAIN

Der Alptraum für viele von weither angereisten Urlauber, die am Strand mit der Seele baumeln und in der Sonne brutzeln wollen, ist – schlechtes Wetter!

Ein Jahr lang wird geschuftet, gespart und „vor gefreut" auf Sonne, Bikini und den entsprechenden Teint, um den Kollegen zu zeigen, dass man im sonnigen Süden war – und dann das! Dichte Wolken, prasselnder Regen, leerer Strand und weggeblasene Urlaubsstimmung!

Was soll man tun? Man raunzt über das schlechte Wetter und macht auf Katerstimmung. Nicht hier und nicht heute!
Da fährt ein VW-Bus mit offener Schiebetür durch das Dorf und ein paar Verrückte stehen auf der Ladefläche und tanzen und singen „I'm singin' in the rain".

Diese Verrückten sind Reiseleiter unterschiedlichster Nationalität und Surflehrer. Sie freuen sich über den Regen, der den Staub von den Straßen spült, die Luft reinigt und etwas Abkühlung bringt. Die Natur ist genauso dankbar wie diese singende Meute.

Der lärmende und durch die tanzenden Regenanbeter stark schaukelnde VW-Bus erregt natürlich Aufmerksamkeit bei den wenigen Menschen, die mit Regenschirm bewaffnet und relativ frustriert Abwechslung in den Geschäften suchen.

Die Fröhlichkeit scheint ansteckend zu sein. Manche stimmen ebenfalls in den Song ein und ein mit krebsrotem Gesicht ausgestatteter Engländer lässt sogar seinen Schirm fallen, um in einer Pfütze ein paar Tanzschritte zu machen – gute Laune schlägt dem Regen ein Schnippchen.

PAUSE

Das Wetter ist von Menschen – Gott sei Dank – nicht zu beeinflussen, sehr wohl jedoch, wie man damit umgeht. Jeder hat die Wahl mit einem langen Gesicht durch die Gegend zu laufen oder auch den Regen als Chance sehen. Welche Vorteile ergeben sich dadurch für mich? Ohne Reue endlich die Buchhaltung zu erledigen, alte Fotoalben zu sichten etc. Im Urlaub gibt es die Möglichkeit für Gespräche z. B. auch mit Einheimischen, denn jetzt haben Sie auch Zeit zu plaudern, da ja die Massen, die bedient werden möchten, gerade im Zimmer sitzen.

Tragen Sie Sonne im Herzen und es gibt für Sie kein schlechtes Wetter.

Sympathie schlägt Strategie

Im nur wenige Kilometer entfernten Nachbardorf „Drepanon", einen durch Landwirtschaft geprägten Ort, scheint die Zeit still zu stehen. Inmitten von Orangenplantagen scheint sich hier die Welt einen Platz zum Ausruhen gesucht zu haben.

Der Dorfplatz ist zwar lebendig, doch mit der für die Griechen so typischen Ruhe und entschleunigten Atmosphäre.

Dieses Idyll ist der Rahmen für eines der schönsten und besten Hotels der damaligen Zeit in der näheren und weiteren Umgebung.

Polierte Marmorböden, Kellner mit Sakkos und Krawatten, eine herrlich gepflegte Gartenanlage, riesiger Swimmingpool und alle Annehmlichkeiten, die sich ein Urlauber nur wünschen kann.

Dennoch häuften sich gerade in diesem Haus die Beschwerden der Gäste. Es waren nur Kleinigkeiten, die das Wohlbefinden beeinflussten, u. a. der Geschmack des Kaffees.

Also schnappte ich ein paar Packungen österreichischen Koffeingetränks und düste mit meiner Vespa nach Drepanon, um mit dem Chef zu sprechen und ihm ein paar Tipps zu geben, wie alle Gäste glücklicher sein könnten und meine Surfschüler frohgelaunt zum Unterricht kommen könnten.

Costa, ein adrett gekleideter Business Man, freute sich über meinen Besuch, zumindest anfänglich, bis ich Kritik an seinem Haus äußerte. Ich erwähnte die Kleinigkeiten und schenkte ihm meinen mitgebrachten Kaffee, um ihn den lieben Österreichern zu servieren. Spannend war seine Antwort!

Er lehnte das Geschenk ab, denn er verfolge eine genaue Strategie. Er habe eine Hotel-Management-Schule besucht und er würde daran festhalten, denn in seinem Konzept wäre kein Platz für Änderungen.

Die Gäste „dankten" es ihm, indem sie sein Haus für jeglichen weiteren Konsum von Kaffee und anderen Getränken mieden und lieber zu den sympathischen Tavernen im Ort spazierten.

PAUSE

Ein freundliches Lächeln und das Eingehen auf Kunden-
wünsche zeigen nicht nur sofort eine positive Wirkung,
nein, auch in mittel- und längerfristiger Betrachtungsweise
hat diese Vorgehensweise seine Vorteile. Für Zufriedenheit
bekomme ich Empfehlungen, aber bei der anderen Variante beschweren sich unzufriedene Gäste – und das ist viel
schlimmer – zuhause bei ihren Bekannten.

Die beste Strategie nützt nichts, wenn sie dem Kunden nicht
gefällt. Ein alter Spruch, der sich immer wieder bewahrheitet: Der Wurm muss dem Fisch und nicht dem Fischer
schmecken!

**Zuhören und eine ehrliche Anteilnahme an Kunden-
wünschen sind Chancen!**

BAUM PFLANZEN

Im Leben sollst du einen Sohn zeugen, ein Haus bauen und einen Baum pflanzen! Ein Spruch, der oft benutzt wird, dessen wahre Bedeutung mir erst viel später bewusst wurde. Der Sandstrand von Tolon zog sich schmal entlang der

bebauten Küste Richtung großer Badebucht. Schön anzuse-hen, doch irgendetwas fehlte. Die zündende Idee hatte der neue Bürgermeister: „Palmen" – diese tropischen Schatten-spender sollten das Strandbild verschönern und den Hauch der „Code Azur" in das verträumte Fischerdorf bringen. Das pflanzliche Material war bald gefunden, nun sollte es auch schnell gepflanzt werden. Das Problem war die Arbeitskraft.

Die Gemeindekasse war strapaziert und so konnten zusätzliche Hilfskräfte nicht bezahlt werden. Also was machte der Herr Bürgermeister? Er ließ alle, die direkt und indirekt für ihn arbeiteten, antreten. Surflehrer, Reiseleiter usw. Wir durften einen Tag der Allgemeinheit spenden und den Strand begrünen. So schufteten wir beim Löcher Ausheben, Wasser Schleppen und hatten am Abend einen wunden Rücken und das gute Gefühl, etwas Sinnvolles und Schönes geschafft zu haben.

Ja, und was einmal klappt, das klappt auch ein zweites Mal. Die Insel Romvij lag trocken und verkarstet vor den Augen des Betrachters und bot einen traurigen Anblick. Die Bewohner der Insel, eine kleine Kaninchenpopulation, hatten keine Rückzugsmöglichkeiten und waren am Verdursten. Zuerst wurden einige von ihnen gerettet und im Keller des Reisebüros wieder aufgepäppelt, trotzdem musste eine dauerhafte Lösung her. Es müssten Bäume gepflanzt werden, ... und wieder rückte man aus, grub Löcher und setzte Trieb um Trieb.

Kleine Ursache, große Wirkung. Jahre später, als ich nach langer Abstinenz wieder nach Tolon zurückkam, traute ich meinen Augen nicht. Die Wedel der Palmen bewegten sich mittlerweile hoch über meinem Kopf und die Sprösslinge auf der Insel waren zu einem Wald geworden.

PAUSE

Die Wirkung dieses Spruchs vom „Baum pflanzen" setzte nun auch bei mir ein. Inzwischen arbeite ich vorwiegend im Verkauf und Marketing, nur meine täglichen Leistungen waren nicht wirklich sichtbar. Zahlen sprachen zwar von Rekordumsätzen, doch was hatte ich am Ende des Tages vorzuzeigen? Hier konnte ich mich an meiner Hände Arbeit ergötzen.

Ich sprach vor kurzem mit einem Unfallchirurgen, der in seiner Garage an einer alten Truhe feilte und bastelte. Er wollte etwas schaffen, das einen bleibenden Wert hatte und keine Narbe, die hoffentlich bald wieder verschwinden würde. Ein Haus zu bauen ist so ein Monument. Einen Sohn zu zeugen oder ein Kind groß zu ziehen, ist ein Vermächtnis, das Erinnerungen weckt. Das Streben nach diesen Meilensteinen ist in uns, doch wie wir es umsetzen, und das Gelingen unseres Werks, ist sehr unterschiedlich

Etwas zu schaffen, das einen bleibenden Wert hat, ist vielleicht ein Ziel, das jemanden motivieren kann. Suchen Sie Ihren Baum, den Sie pflanzen wollen.

Zorbas – wenn Katzen singen

Der berühmteste Grieche ist wohl Zorbas, der den Sirtaki zum Nationaltanz machte. Lustig ist, dass vor dem Film kein Grieche Sirtaki kannte, geschweige denn tanzte und dass ein Mexikaner namens Anthony Quinn die perfekte Verkörperung war.

Zorbas, so heißt nicht nur der erwähnte Film, sondern auch ein Musiklokal am Ortsrand von Tolon. Leicht oberhalb der Ansiedelung und etwas hinter dem Fußballplatz liegt das Mekka für den griechischen Musikliebhaber. Täglich werden hier Liveauftritte von Stars der „Bouzouki-Szene" bejubelt. Von nah und fern kommen Familien, Vereine und Firmen und feiern, dass sich die Balken biegen.

Ralf, mein deutscher Freund vom Supermarkt, wollte mich in die griechische Szene einführen und nahm mich eines Abends mit in dieses fast sagenumwobene Lokal. Von außen machte es keinen besonderen Eindruck auf mich, lediglich eine entsprechende Leuchtreklame verkündete den Namen des Veranstaltungslokals und Musik schwappte uns bereits hier lautstark entgegen. Beim Eintritt konnte ich mir nicht vorstellen, ein zweites Mal hierher zu kommen. Ohrenbetäubend war der Lärm. Zur ohnehin schon lauten Musik kreischten Menschen, die ich nicht kannte. Was hier abging war für mich unverständlich. Ralf gab nur bissige Kommentare ab und ich konnte nur nicken. Was machten die da, ... Es wurden Stapel von Tellern von Kellnern hereingebracht, die dann entweder einzeln oder gleich turmweise zerbrochen wurden. Ganze Sträuße von Nelken wechselten den Besitzer, dann wurden die Blumenköpfe auf die Bühne vor die Füße der Sänger geworfen. Eine Flasche Champagner wurde zur Bühne getragen, der Sänger schenkte sich ein Glas ein, prostete ins Publikum und leerte dann den Rest der Flasche in den mitgebrachten Eiskübel. Kopfschütteln und Unverständnis meinerseits! Ralf schimpfte über die Katzenmusik und nach einer Viertelstunde verließen wir das Lokal. Hier gehörte ich definitiv nicht her.

Einige Wochen später lud unser Boss sein Team und auch die Surflehrer ins Zorbas ein. Fast zwanzig „Gastarbeiter" und Familienangehörige belegten einen langen Tisch. Takis, mein Chef und gleichzeitig Bürgermeister, wurde natürlich von allen freundlichst begrüßt und auch wir bekamen die gleiche Aufmerksamkeit. Die Musik klang heute wesentlich besser in meinen Ohren als letztes Mal. Maria, die Chefin, erklärte mir einiges und ich konnte mit geschwellter Brust behaupten: Ich war schon mal hier! Die Begeisterung von Maria für die Musiker und ihre Darbietung steckte auch mich an. Sie übersetzte mir die Texte und erklärte mir die sonderbaren Bräuche. Die Teller wurden extra für diesen Zweck gebrannt und sind ein Zeichen der Lebensfreude, sie sollten allen zeigen: Das ist mir dieser Moment wert! Kein Geld der Welt kann mir das ersetzen. Auch die Nelken und das Glas Champagner bekamen, aus einem anderen Blickwinkel betrachtet, einen Sinn. Nur das Beste ist gut genug für dich! Es war der Abend, an dem ich langsam anfing, die Sitten von Hellas zu verstehen. Ich glaube, ich komme wieder.

PAUSE

Eine 180-Grad-Wendung. Bin ich wirklich so wankelmü-tig, ein Fähnchen im Wind? Den Unterschied machten und machen immer die Menschen. Menschen, die durch ihre subjektiven Sichtweisen, auch die eigenen Ansichten beeinflussen. Ralf, der als Deutscher seine Empfindungen darstellte, und natürlich die Ortsansässigen, die seit ihrer Kindheit Musik und Kultur aufgesogen hatten, waren sehr konträr. BEIDE nahmen Einfluss auf meine Reaktionen, Gefühle und Wertschätzung.

Begeisterung kann ansteckend sein. Ein volles Fußball-stadion im Wiener Prater und fünfzigtausend Menschen schwenken Fahnen im Takt zum Radetzkymarsch, das ist Gänsehaut pur, ohne auch nur eine Ahnung von Fußball zu haben. Wenn man dann die Abseitsregeln erklärt bekommt, horcht man gerne und aufmerksam zu, da nun die richtige Empathie hergestellt wurde.

Die Botschaft wird durch den Boten überbracht, dabei ist oft der erste Eindruck entscheidend. Die allgemeinen Begleit-umstände sind oft wichtiger als die eigentliche Botschaft. Stellen Sie sich einen Heiratsantrag in einer Bahnhofswarte-halle beim Imbiss vor?! Lieber nicht.

Zeigen Sie Begeisterung für Ihr Projekt und schaffen Sie damit die Basis für Aufklärung und Wissen.

GURKENBAUER

Im Nachbardorf lebt „Yannis". Mehrmals habe ich ihn bei einem Plausch in einer Taverne getroffen und seine offene Art schätzen gelernt. Yannis ist Gurkenbauer. Als ich ihn während meiner ersten Saison kennengelernt hatte, musste er viel Spott für seine Gurken ernten. Seine Gurkenernte – Achtung Wortwitz – war sehr mickrig. Nicht die Ernte selbst, nein, seine Gurken. Die Bauern waren stolz auf ihre großen, knackigen Verwandten des Kürbisses. Allem Spott zum Trotz pflanzte Yannis weiter in seiner Art und Weise und siehe da, eine Saison später, die gleiche Misere. Wieder musste er mit der Häme seiner landwirtschaftlichen Kollegen leben, nur dieses Mal war etwas anders. Er fragte seinen Nachbarn, ob er ihm ein Feld verpachten könnte, da er hoffte, auf dessen Grund mehr Erfolg zu haben. Es könnte sein, dass dort die Bodenbeschaffenheit besser oder die Sonneneinstrahlung ideal für größeres Wachstum seiner Gurken sei. Es kam wieder Erntezeit und … die Riesengurken gab es noch immer nicht. Stattdessen hielt Yannis einen Vertrag in Händen, der ihm zusicherte, die Generalvertretung für die Produktion von „Essiggurkerln" zu übernehmen. Seine Spötter und Besserwisser durften ihm nur Ware liefern, wenn sie seinen Ansprüchen entsprach.

PAUSE

Wie oft passiert es im Geschäftsleben, dass Menschen tolle Ideen haben und andere den geschäftlichen Erfolg einstreifen. Mit Euphorie und Redseligkeit kann man sein Kapital und seinen Wissensvorsprung leicht an Konkurrenten verlieren. Ein alter Spruch: „Reden ist Silber, Schweigen ist Gold" hat sich in diesem Fall mehr als bewahrheitet.
Oft fehlt nur das nötige Kleingeld zur Umsetzung, und finanzkräftige Mitbewerber nützen diesen Nachteil für sich, um Profit zu machen. Versuchen Sie Lösungen zu finden und auch die nötigen Verträge für eine reibungslose Umsetzung. Selbst im Angestelltenverhältnis können Sie mit Ihrem Chef über Beteiligungen an Verbesserung oder Entwicklung sprechen. Geben Sie Ihr Knowhow nicht einfach preis.

Ernten Sie die Lorbeeren erst, wenn Sie das Feld auch beackern dürfen.

Taxi, Taxi

Mit meiner Vespa unter dem Hintern genoss ich den warmen Fahrtwind, das schnurrende Geräusch des Motors und die gerade einsetzende Abendstimmung. Der Geruch von Eukalyptus vermischte sich mit dem Duft von soeben frisch zubereiteten Speisen und ich war rundum mit mir und der Welt zufrieden. Bester Laune entdeckte ich zwei Paare, die ich kannte, vor dem Hotel TOLO stehend. Sie grüßten freundlich und ich brachte meinen Roller zum Stehen. Wir plauschten ein bisschen und die Herrschaften erzählten mir von ihren Plänen für den heutigen Abend. Sie hätten beim Hotelier ein Taxi bestellt, um nach Nauplia zu fahren, damit sie dort bummeln und shoppen könnten.

Wir unterhielten uns über dies und das, die Zeit verging, aber es kam kein Taxi. Ich sprach darauf die Urlauber konkret auf das fehlende Fuhrunternehmen an und fragte sie, wie lange sie denn schon warten würden. Die Antwort war erstaunlich: Schon fast eine Stunde! Der etwas ältere der beiden Männer fügte gleich hinzu: „Wir haben es dem Chef vom Hotel eh schon zweimal gesagt, dass wir auf ein Taxi warten."

Ok, das wollte ich klären, sprintete die paar Stufen hinauf zur Rezeption und teilte Dimitris mit, dass seine Gäste gerne ein Taxi nach Nauplia in Anspruch nehmen würden und dies bis jetzt noch nicht gekommen sei.

Dimitris war erstaunt, denn er war sich keiner Bestellung

bewusst. Wie kann das sein, ein absolut gewissenhafter Hotelier und ein zweifelsfrei mündiger Urlauber, und deren Aussagen gingen überhaupt nicht konform?

Zuerst bestellte Dimitris telefonisch ein Taxi und kam dann mit mir hinaus zu den Wartenden, um die Situation aufzuklären. Es stellte sich heraus, dass die Kunden gesagt hatten: „Ein Taxi", und um eventuellen Verständigungsschwierigkeiten aus dem Wege zu gehen und ihren Wunsch zu unterstreichen, wurde ein Daumen für die Anzahl nach oben gehalten. Dimitris wiederholte den Wunsch der Reisenden und sagte „Entaxi" und hielt ebenfalls den Daumen nach oben.

Er war sogar einige Minuten später ebenfalls vor der Tür gewesen und wunderte sich, warum die Gäste noch immer vor der Tür warteten und sagte: „Entaxi", worauf die beiden Paare freundlich lächelnd ob der Fürsorge für Ihren Wunsch dies wiederholten: „Ein Taxi!"

Jetzt war mir alles klar! Es war trotz guten Willens von beiden Seiten ein sprachliches Missverständnis. „Entaxi" heißt auf Griechisch „OK" – Dimitris hatte sich immer erkundigt ob alles OK sei, ja und meine Landsleute dachten immer an „ein Taxi" und während gerade alles geklärt worden war, kam auch schon ein gelbes „Taxi" vorgefahren, ... no problem.

PAUSE

Das Schöne an dieser Episode ist, wie die beiden Parteien miteinander umgegangen sind. Es wurde alles von Ruhe, Freundlichkeit und einem Lächeln begleitet.

Die Ursache war eine falsche Annahme! Wenn Sie also etwas Bestimmtes wollen, fragen Sie auch nochmals nach, ob ihr Wunsch wirklich verstanden wurde. Auch im dienstlichen Umfeld ist es wichtig, dass Kollegen Ihre Anweisungen klar verstanden haben, sonst kommt es unweigerlich zu Konflikten, da Sie den Mitarbeiter gering schätzen und der sich keiner Schuld bewusst ist.

In der Kommunikation zwischen zwei befreundeten Menschen kann man grundsätzlich davon ausgehen, dass keiner dem anderen etwas Böses will. Sollten Unklarheiten entstanden sein – nachfragen, ob und wie die Aussage tatsächlich gemeint war.

„Entaxi" heißt nicht, dass alles OK ist.

WENN DER POSTMANN ZWEIMAL KLINGELT

Fern der Heimat sehnt man sich nach Nachricht von seinen Lieben und Neuigkeiten von zuhause. Man kann es sich kaum vorstellen, aber es gab einmal Zeiten, da haben Menschen noch Briefe geschrieben, sich Gedanken gemacht und diese zu Papier gebracht. Man musste Kuverts frankieren und zu einem Briefkasten bringen, in der Hoffnung, dass dann der Postbote auch den Adressaten findet – und das war nicht immer sicher.

Mitte der 80er Jahre dauerte ein Brief von Österreich nach Griechenland fast zwei Wochen, bis er sein Ziel erreichte. Neben diesen zeitlichen Unterschieden zu heute gab es kein „Google" oder „Facebook", wo schnell Personen oder Adressen gefunden werden konnten, sondern man musste mit gefinkelter Logik ans Werk gehen. Manche meiner Schüler wollten sich nochmals schriftlich bedanken oder einfach nur den Kontakt zu mir halten. Da die meisten nicht mehr wussten als meinen Vornamen „Erich" und meine Adresse „Tolon" in Griechenland, fügte man als Besonderheit noch den Vermerk „Surflehrer" oder „Windsurfing" hinzu.

Der Postbote wusste inzwischen, wo diese Schreiben abzugeben waren. Hier ein besonderer Dank an die flexible griechische Post.

PAUSE

Man vergisst in der schnelllebigen Zeit, dass es früher Menschen gab, von denen es abhing, ob eine Nachricht beim Empfänger ankam. Ein Mensch war mit seinem persönlichen Engagement und seinem Willen dafür verantwortlich, ob die „mail" zugestellt wurde oder nicht.

Bleiben wir bei Nachrichten. Nachrichten sind Informationen und wir leben in einem Informationszeitalter, in dem Sie alle Infos erhalten, die Ihnen wichtig sind. Sind Sie anderen Menschen so wichtig, dass Ihnen diese Infos auch mitgeteilt werden? Die Welt besteht nicht nur aus Facebook und Internet. Beobachten Sie, ob das reelle Leben an Ihnen vorüber zieht. Werden Sie von Nachbarn, Freunden oder Kindern zu Veranstaltungen, Besprechungen etc. eingeladen und laden Sie umgekehrt die Menschen ein, die Ihnen wichtig sind?

Wenn Sie sich intensiv mit den Menschen beschäftigen, die Ihnen wichtig sind, machen Sie sich auch einen Namen. Einen Namen, der es wert ist, gefunden zu werden.

OLIVENBAUM

Eine Geschichte, die zwar erfunden ist, jedoch, als ich sie hörte, mich zum Nachdenken animierte ...

Ein Grieche lag im Schatten eines Olivenbaums, kaute an einem Grashalm und war mit seinen Gedanken an traumhaften Orten.

Die Ruhe wurde gestört, als ein schnittiges Auto rasant näher kam und dann mit quietschenden Reifen stehen blieb.

Ein junger, adretter Mann im Anzug kam mit schnellen Schritten auf den sich im Halbschlaf befindlichen Bauern zu, stellte sich kurz als Manager einer großen Firma vor und schwärmte von der Qualität der Oliven dieses Hains.

Gestenreich und wortgewandt wollte er den Bauern überzeugen: „Wenn du noch mehr solcher hochwertiger Oliven produzierst, wenn du deine Ölpresse ausbaust und international tätig wirst, dich jahrelang intensiv mit der Erweiterung deines Betriebes beschäftigst, fachlich kompetente und engagierte Mitarbeiter findest, ja dann kannst du in zwanzig, dreißig Jahren einfach nur in der Sonne liegen und nichts tun."

Der Grieche zwinkerte mit einem Auge, schnalzte mit der Zunge und meinte: „Das mache ich doch schon jetzt".

PAUSE

Pause machen ist nicht schlecht ... Pause zu machen, um nachzudenken, welches Ziel ich in meinem Leben erreichen möchte. Mein ganz persönliches Ziel, nicht das Ziel der Gesellschaft, das mir vorgibt, welches Auto ich fahren oder welches Haus ich besitzen soll, um angesehen zu sein.

In vielen Gesprächen hörte ich oft das Argument: „Ich arbeite für meine Familie". Stimmt, ich bin davon überzeugt, dass dies wirklich die Absicht mancher stressgeplagter Manager ist.

Auch ich war in einer ähnlichen Situation, 40-50 Überstunden die Woche waren einmal selbstverständlich und ich hatte die volle Gewissheit, dies für meine Kinder zu tun. Ich stellte jedoch fest, dass mir das Wichtigste verloren gegangen war: Zeit – Zeit für meine Kinder.

Kindern nur Geschenke zu machen – einen neuen PC, Fernseher, Gameboy usw., nur um Ruhe zu haben, damit man sich zu Hause entspannen kann, ist für mich nicht die Lösung.

Zeit für Gespräche und gemeinsame Unternehmungen sind für mich Lebensqualität, und nicht noch ein paar Überstunden mehr, damit ich mir die Putzfrau oder den neuen Jet Ski leisten kann.

Die Einfachheit und Dankbarkeit für die kleinen Dinge des Lebens. Die Zeit zu haben, das Lächeln im Gesicht seiner Kinder zu sehen, wenn die Bastelarbeit toll geworden ist.

Träumen Sie von Ihrem Olivenbaum.

Einfache Menschen

Sandynamo

Die ersten Tage vergingen wie im Flug, es gab stets etwas
Neues zu tun und zu lernen. Die Sonne und das Klima lassen
einen jeden Tag fröhlich aus dem Bett springen und zur
Arbeit eilen.

Am Arbeitsplatz angelangt, dauerte es meist ca. eine halbe

Stunde, bis nochmals die Sonne aufging. „Sandynamo" kam seines Wegs. Ein alter pensionierter Fischer, in Badeschlapfen oder barfuß, seine ausgebleichte Arbeitshose leicht aufgerollt, stapfte er im seichten Wasser das Ufer entlang.

„Sandynamo" hallte es fröhlich aus seinem mit nur wenigen Zähnen bestückten Mund. Ich konnte bis jetzt keine exakte Übersetzung finden, soll aber so ähnlich wie „Sand am Meer" lauten. Er zeigte dabei immer auf das Meer, die Sonne und augenzwinkernd auf schöne Mädchen. Sein strahlendes Wesen war einfach ansteckend, wir konnten uns zwar mit

keinem Wort verständigen und als ich versuchte ihn nach seinem Namen zu fragen, sagte er: „Christopherus – Christopherus Columbus". Ich glaubte nicht, dass er schon so alt war, wünschte ihm aber, dass er so alt werden würde. Unter seinem Namen „Christopherus Columbus" und seinem Spitznamen „Sandynamo" war er im ganzen Ort bekannt.

Die Zitronenlady

Am Ende meiner zweiten Saison machte ich einen Ausflug mit meinem VW Käfer, um einen Freund auf Lefkas zu besuchen. In Vassiliki, in einer phantastischen Bucht gelegen, einem wahren Surferparadies, wanderte ich neugierig durch kleine Gässchen und saugte die neuen Eindrücke in mich auf.

Bei einem kleinen, weiß getünchten Haus hielt ich inne. Die Fenster waren offen und ich konnte einen Blick ins Innere erhaschen. Gestampfter Fußboden, ein Brunnen zur Wasserversorgung und in einen alten Holzpfosten war ein Nagel eingeschlagen, an dem ein kleiner Handspiegel hing. „Giasou", ertönte eine Frauenstimme etwas seitlich von mir und ich fühlte mich bei meiner Spionage ertappt. „Giasou", sagte auch ich und wir kamen in eine sehr sympathische Unterhaltung, an deren Inhalt ich Sie gerne teilhaben lassen möchte. Natürlich kam die Frage, woher ich komme und ich sagte wahrheitsgemäß: „Aus Österreich". Sie lächelte fragend und wollte weiter wissen: „Ist das weit weg von Athen?" Sie hatte Lefkas noch nie verlassen. Am Ende unseres Plauscherls wollte sie mir etwas schenken, eilte hinter das Haus und erschien mit einer Zitrone. „Für dich", und reichte mir die Südfrucht. Sie hatte mir viel mehr als nur diese Zitrusfrucht geschenkt.

Das Ehepaar im Sonnenuntergang

Als ich nach einem harten Arbeitstag gemütlich auf meiner Terrasse saß, fiel mir immer ein alter Mann auf seinem Esel auf, der zurück aus den Orangenplantagen heimwärts ritt. Sein Heim war ein Häuschen aus Lehmziegeln, ca. 4 x 4 Meter groß und davor eine Holzbank. Auf diesem Sitzmöbel saßen wenig später der Eselreiter mit seiner Frau einträchtig, den Blick aufs Meer gerichtet, und hielten sich schweigend an den Händen. Ein Bild absoluter Zufriedenheit. Dieses Bild trage ich noch immer in mir.

PAUSE

Beim Schreiben der drei Episoden wurde mir wieder

bewusst, mit welcher Zufriedenheit und Einfachheit diese „Helden" ihr Leben meisterten. Sie waren glücklich mit dem, was ihnen die Natur gab und mit den Menschen, die sie umgaben.

Sie waren angekommen. Sie waren keine Jäger mehr, sondern ernteten, was sich ihnen täglich darbot. Ein Zauberwort: „Zufriedenheit" – es ist die Menge, mit der man sich zufrieden gibt. Die Menge an Liebe, Gesundheit, Besitz und Macht. Manche schaffen es nie.

Zitronen sind nicht immer sauer!
Wenn dir das Leben Zitronen schenkt,
mache Limonade daraus!

Schlechte Ware, gute Ware

Beim abendlichen Bummel entlang der Hauptstraße in Tolon wurde ich Zeuge folgender Szene.

Vor einem der Obst- und Gemüsegeschäfte standen ein paar
österreichische Gäste und bewunderten die herrlich präsen-
tierten vegetarischen Leckerbissen. Es wurde getuschelt, der
Verkäufer trat auf die Straße und pries seine Ware in höchsten Tönen.

„Jeder Kramer lobt seine Ware", dachte ich mir und wollte

schon weiter schlendern, doch da bemerkte ich eine Veränderung der Situation. Ein Paar hatte sich entschlossen, 1 kg Birnen zu kaufen und machte sich gerade daran zu bezahlen. Der Geschäftsinhaber stoppte jedoch den normalerweise üblichen Ablauf und wies die potentiellen Kunden auf einige Mängel der gewählten Früchte hin. Sprachlich konnte man sich zwar kaum verständlich machen, so zeigte der gute Mann jedoch mit den Fingern und anschaulichen Gesten, dass er gerne die Birnen gegen bessere austauschen würde und gab dann schlussendlich noch eine Birne mit einem Lachen als Bonus dazu. Tage später hörte ich dieselben Bir-

nenkäufer in höchsten Tönen von dem netten Obsthändler erzählen, und dass sie inzwischen Stammkunden geworden sind.

PAUSE

Wenn das Wörtchen „wenn" nicht wäre! Der Händler hatte zwei Möglichkeiten: dem Kunden die schlechte Ware, so wie vom Kunden selbst gewählt, zu überlassen oder die tatsächlich vollzogene Variante. Die einfachere und für ihn günstigere wäre die erste Version gewesen. Kurzfristig gedacht hätte er zwar sein Geschäft abgeschlossen und sein Geld verdient. Längerfristig war seine spontane Wahl sicher richtiger, denn zufriedene Kunden sind Multiplikatoren. Wir wissen, die beste Werbung ist Mundpropaganda.

Seinen Beruf und seine Produkte zu lieben und zu ihnen zu stehen ist wichtig, doch kennen Sie auch die Fehler Ihrer Ware! Verkaufen Sie wissentlich schlechte Ware, sind Sie im Moment ein guter Verkäufer, doch schaffen Sie es damit Stammkunden zu gewinnen? Können Sie das auch mit Ihrem Gewissen vereinbaren?

Wenn es Fehler oder Mängel gibt, sprich offen darüber! Wenn der Kunde akzeptiert, ist alles gut!

No news are good news

Urlaubsparadiese sind wahrscheinlich auch deshalb so paradiesisch, weil man – abgeschieden von den medialen Informationsquellen – auch auf andere Gedanken kommen kann. Zumindest war das vor gut dreißig Jahren so.

Sie erinnern sich bestimmt an die Horrormeldungen von „Tschernobyl" und die katastrophalen Auswirkungen auf Europa. Kaum angekommen im Land der Götter, fragten die Touristen jeden der Deutsch sprach, nach der Strahlungseinwirkung in Griechenland und ob man sich beruhigt auf den Strand legen und ins Meer gehen konnte. Beruhigend sagte ich: „Das einzige was hier strahlt ist die Sonne!"

Tatsächlich wusste keiner so genau, wie es um die Strahlungsbeschaffenheit stand. Wir hatten keinerlei Information. Schon nach wenigen Stunden war für die Urlauber Tschernobyl vergessen und man erfreute sich des Badevergnügens und des Erholungspotentials. Da es noch keine Handys gab, wurde die einzige öffentliche Telefonzelle des Ortes stark frequentiert, und weil das Gespräch mit der Heimat ja relativ kostspielig war, beschränkten sich die Dialoge auf das Wichtigste. In der Warteschlange stehend schnappte man natürlich so einiges auf. Was glauben Sie, was die größte Neugier der von ihren Lieben Getrennten war? Na?... Genau, das Wetter! Wie ist es zuhause und wie geht's?... Vergessen waren Atomreaktoren und sonstige Schicksalsschläge.

PAUSE

Im heutigen Zeitalter von Smartphone und Internet ist man, so man es will, dauernd einer Informationsflut ausgesetzt und der Griff zum Handy, um ja nichts zu versäumen, wird bei manchen Menschen schon zur Sucht.

Ich durfte bei all meinen Reisen feststellen, dass sich nach einer gewissen Zeit der Abgeschiedenheit und ohne medialen Einfluss von außen, die Stimmung und das Wohlbefinden der Menschen änderten. Ohne die negativen Schlagzeilen und Hiobsbotschaften aus aller Welt kann sich der Geist wieder Positivem und Kreativem zuwenden.

Die Angst und Sorgen des Alltags strapazieren den Organismus – man ist ständig vor diesen Geschichten auf der „Flucht". Sorgen und Angst machen gehetzte Individuen leichter manipulierbar, in der Angst schlägt man, ohne zu

denken oder richtig zu fühlen, oft den falschen Weg ein.
Wenn man keine Zeit zum Nachdenken oder Überschlafen
hat, bereut man im Nachhinein so manche Entscheidung.

Filtern Sie Nachrichten. Zeitungsartikel sind meist negativ
und unabänderlich, denn das Geschehen ist schon passiert.
Schalten Sie Ihren Informationskonsum zurück. Ändern

kann man viele dieser Tatsachen oft sowieso nicht, Mitleid hat den Betroffenen noch nie geholfen und macht nur Sie bedrückt. Wenn Sie helfen wollen, planen Sie konkrete Aktionen, machen Sie Pläne und suchen sich eventuell Verbündete.

Entschleunigung – Heilfasten für die Seele.

ALOIS, DER SCHWEIZER

Stolz ist so eine Sache und hat oft einen schlechten Beigeschmack. Ich bin stolz auf alle Wagemutigen, die sich dem Wind und dem Publikum am Strand stellten, ganz besonders auf ein paar Schüler mit Handikap.

Sonja aus Deutschland stand eines Tages vor mir und bat um die Teilnahme an einem Surfkurs. Ein ganz normales Anliegen, doch beim Anblick von Sonja musste ich erst einmal schlucken. „Schafft die das?" Sonja erinnerte mich an die Venus von Willendorf. Sie machte rundum einen sehr runden Eindruck, gestand mir später, dass die Waage dreistellig anzeigte, und das bei einer Körpergröße knapp um 1,60 Meter.

Doch Sie wollte lernen. Also begann der Unterricht. Die ersten Schwierigkeiten entstanden beim Versuch, das Board zu erklimmen. Teilweise konnte ich von anderen Strandbesuchern hämisches Grinsen und entsprechende Kommentare bemerken, doch Sonja hielt durch. Sie schaffte den Weg aufs Board und absolvierte den Kurs mit Bravour.

Die Lacher waren dann auf ihrer Seite.

Und dann war da noch Alois, sein Name klingt alpin. Genau, er war Schweizer und schaute Louis Trenker sehr ähnlich. Ein markantes, wettergegerbtes Gesicht, ein drahtiger, braungebrannter Körper, ein rüstiger Pensionist.

Er hatte nur ein Handikap – nicht sein Alter, mit knapp über Siebzig! Nein! Ihm fehlte lediglich der linke Unterschenkel! Mit seiner Prothese und einem unbeugsamen Willen ausgestattet, zischte er bald kreuz und quer und wurde mein liebster Schüler.

Nachdem er den Kurs meisterhaft absolviert hatte, kam er jeden Tag und verbesserte seine Fähigkeiten. Hin und wieder fragte er noch um einen Rat, doch meistens schaffte er es auf seine ihm eigene Art eine Lösung zu finden.

Das Strahlen, das er im Gesicht hatte, während er über die Wellen dahinglitt, werde ich hoffentlich lange nicht vergessen.

PAUSE

Diese beiden Menschen hatten etwas ganz Besonderes: einen unbändigen Willen, der keine Zweifel aufkommen ließ.

Ein Mensch, dem ich es indirekt verdanke, auch dieses Buch zu schreiben, Herr Univ. Doz. Dr. Jörg Krenmayer, Buchautor, Neurologe und Wirtschaftswissenschaftler, hat es mit einer Formel auf den Punkt gebracht: Erfolg ist Können mal Willen. Können kann man lernen, ist kein Wille vorhanden, nützt das Können nichts.

Der beste Trainer kann dem besten Spieler alles zeigen. Wenn dieser nicht will, haben beide keine Chance. Die Motivation muss von innen kommen, von außen lediglich die Initialzündung. Warum will ich etwas tun? Was ist der Vorteil für meinen Geschäftspartner oder Kunden?

Ein weiterer Mentor sagte: Es gibt kein KANN nicht! Es gibt nur ein WILL nicht!

Einstellung, Wille und Selbstvertrauen – und die Welt steht offen!

LOUIS, DER AUSWANDERER

Oh yes, Mr. Louis. Man sollte ihn immer auf Händen tragen!
Klein und zierlich verbirgt sich hinter seinem zarten Körper-
bau wahre Größe.

In all den Jahren habe ich Louis niemals zornig oder auf-
brausend erlebt, er ist die Ruhe selbst. Selbstironisch und
humorvoll geht er jedem Streit oder jeder Auseinandersetzung aus dem Weg. Bei Kunden, Hoteliers, Kindern und
Greisen – er ist einfach bei allen beliebt. Ein kleiner Beweis
gefällig:

Ein englischer Tourist hatte eine sehr markante Ähnlichkeit
mit Hoss Cartwright von der Ponderosa. Sollte Ihnen das
nichts sagen, dann googlen Sie bitte „Fernsehserie Bonanza".

Jedenfalls, der Mann musste auf Grund seines Aussehens
tagtäglich dutzende Scherze über sich ergehen lassen.
Eines Abends platzte ihm der Kragen. Mitten in einer der
beliebtesten Bars bekam er einen hochroten Kopf und
brüllte: „Der Nächste, der irgendetwas wie Bonanza, Hoss,
Ponderosa, Western etc. sagt, dem bläue ich Vernunft ein."

Es herrschte Totenstille. High Noon – und das am späten Abend. Jeder war beschämt und die Stimmung war auf dem Nullpunkt.

Wie bei einem Saloon schwang in diesem Moment die Pendeltür auf, und herein kam Louis. Lächelnd, verwundert über die Ruhe, schaute er auf die Uhr und fragte wie spät es sei. Die Antwort war: Ten to Ten – also zehn vor zehn ... nur, was nun folgte war ein Singsang: Ten to ten to ten to teeeehn ... etc. – die Titelmelodie von Bonanza. Schallendes Gelächter, in das auch „Hoss" einstimmen musste.

Louis brachte Menschen zum Lachen, war und ist die Hilfsbereitschaft in Person. Er verlangte nie eine Gegenleistung und sah seine Gefälligkeiten als selbstverständlich an.

PAUSE

Louis begann seine Karriere als Urlauber und Gast in Tolon. Es folgten diverse Jobs und jahrelange Aktivität als Reiseleiter. Jetzt, als Pensionist, blieb er seinem Arbeitsplatz treu und jobbte bei seinen alten Chefs, wenn er Lust darauf hatte.

Seine Berufung zum Beruf gemacht – bei ihm trifft das genau den Punkt. Sein freundliches Wesen ist das Kapital für einen Dienstleister. Ohne Erwartungen das Beste und ehrliche Aufmerksamkeit zu geben, ist seine Grundeinstellung.

Louis war einst der Grund, dass ich nach sechs Saisons wieder nach Österreich zurückkehrte und mich wieder unserer Gesellschaft anpasste. Er war hier in Griechenland – trotz aller Freundlichkeit und Hilfsbereitschaft – noch immer der „Engländer". Ich wollte akzeptiert und nicht nur als Ausländer geduldet sein.

Jetzt ist Louis zwar noch immer „Engländer", doch von den Einheimischen wird er als einer der ihren angesehen, obwohl er noch immer kein Griechisch spricht.

Gehe konsequent deinen Weg und bleibe authentisch!

Käfer frisst sich ins Gehirn

Meine zweite Saison als Surflehrer wollte ich mit dem Wissen und der Erfahrung eines lehrreichen Sommers angehen.

Ich wollte auf einige Sachen nicht verzichten, die ich mit nach Tolon nehmen wollte. Besonders eine Sache, die das maximale Gewicht im Flieger bei weitem überschreiten, dafür aber meine Flexibilität vervielfachen würde: mein Auto, ein VW Käfer Cabrio.

Der fahrbare Untersatz in hoffnungsvollem „Grün" brachte mich sicher durch halb Europa an meinen Bestimmungsort und gab mir die Chance, viel von seiner Umgebung und den Bewohnern zu entdecken.

Der Käfer war mein ständiger Begleiter. Wir brachten ganze Fußballmannschaften zum Spielfeld und später singend und lachend von den Bars zu den jeweiligen Hotels.

„Herbie" war ausgestattet mit einem Lautsprechersystem und einer Open Air Klimaanlage. Gerne spielte ich Taxi für junge Touristen oder alte griechische Damen.

Fast dreißig Jahre später war ich wieder einmal in der Gegend rund um Tolon und besuchte meine Lieblingsplatzerln. Ob Restaurantbesitzer oder Geschäftsinhaber – manchmal dauerte es, bis die Erinnerung und das Aha-Erlebnis einsetzten. Dann aber – und das war das Bemerkenswerte – konnten sich alle an „Herbie" erinnern und an ihre Eindrücke von damals.

PAUSE

Menschen können sich ändern, Geschehnisse bleiben in den Gehirnen verankert. Ich habe diese Methode später öfter angewandt, indem ich überraschende und unerwartete Geschenke brachte oder bei Geschäftsterminen mit Zaubertricks Menschen unterhielt.

Verkaufen Sie nicht nur ihr Produkt, schaffen sie einen Anker oder eine Marke, an die man sich erinnert. Der Alt-Landeshauptmann Hillinger oder der Vizekanzler Schüssel schafften mit dem „Mascherl" eine Marke, Niki Lauda mit dem roten Kapperl.

Es gibt zahlreiche Utensilien, an denen man Personen identifizieren kann. Auch Eigenheiten in der Körperhaltung und Aussprache können das Synonym für eine Persönlichkeit sein.

Vorsicht! Machen Sie sich nicht zur Lachnummer, wenn Sie keine Lachnummer sein wollen. Bleiben Sie bei allem Engagement natürlich, seriös und noch wichtiger: bleiben Sie Sie selbst.

Setze Zeichen, werde zur Marke!

Takis, der Bürgermeister

Hier schließt sich der Kreis. Er war der Erste, der mich in Tolon willkommen hieß, und das letzte Kapitel möchte ich diesem besonderen Menschen widmen.

Takis Georgidakis.

Frühmorgens, mit Bartstoppeln im Gesicht und einem Espresso vor ihm auf dem Tisch, so habe ich ihn kennengelernt. Tagsüber war er Ansprechperson für Touristen, wechselte humorvoll Valuten, gab Reisetipps. Abends bis spät in die Nacht wurden Kontakte gepflegt und mit Kunden und Geschäftspartnern oft auch durchgefeiert.

Ein Hotel und das modernste Reisebüro des Ortes waren in seinem Besitz, so wie eine kleine Surf- und Segelschule. Durch sein Engagement und seinen unbändigen Willen, seinem Heimatort und seiner Familie eine bessere Zukunft zu bescheren, war er vielerorts und zu vielen Stunden fast allgegenwärtig. Tagsüber empfing er Hoteliers und Busunternehmer, um gemeinsame Strategien auszuarbeiten oder an Preisen zu feilen.

Sportlicher Erfolg der örtlichen Fußballmannschaft war ebenfalls sein Anliegen und als Fußballpräsident unterstützte er den Verein nicht nur mit Geldspenden, sondern mit persönlichem Einsatz. Er stellte sein Netzwerk gerne zur Verfügung.

Politisch als Bürgermeister an vorderster Front und Zielscheibe für alle Gegner seiner Linie, schaffte er soziale Umstellungen und Umdenken in der Gemeinde sowie wichtige Erneuerungen.

Trotz all der Projekte, die sich jeden Tag bei ihm anhäuften, war er im Grunde seines Herzens ein Fischer. Im September, kurz bevor die Fischfangsaison wieder startete, saß er im Keller seines Bürogebäudes und flickte Netze. Die Vorfreude auf das Meer und die Ruhe auf dem Boot entschädigten für den Stress der Sommermonate.

Aller Erfolge zum Trotz, im Sonnenschein des Lebens und am Gipfel vieler seiner Ziele, kam der tiefe Fall. Steuerliche, politische und private Probleme kosteten ihn alles. Alles, wofür er jahrelang sein Leben und Herzblut gegeben hatte. Verarmt versuchte er als Schafhirte und Fischer sein Auslangen zu finden. Er jobbte fern der Heimat in Deutschland als Koch, bis er endlich wieder in Tolon zu seinen Wurzeln zurückkehrte.

Es war einer der schönsten Momente ihn wiederzusehen. Seine Augen strahlten die gleiche Wärme und Zuversicht aus wie vor vielen Jahren. Die Erinnerung an einen Mann, der trotz täglicher Herausforderungen immer ein Ohr für seine Mitarbeiter und Geschäftspartner hatte. Nie war etwas unmöglich. Er nahm einen zur Seite, sprach beruhigend und stellte jemanden, der sich auf diese Situation verstand, als Unterstützung ab. Er gab jedem das Gefühl, alles sei zu schaffen.

Ja, seine Augen leuchteten bei unserem Wiedersehen. Eine innige Umarmung, die mehr sagte als tausend Worte.

Eine Vaterfigur, trotz aller menschlichen Schwächen! Diese Rolle spielte er noch einmal für mich. Bei stundenlangen Gesprächen auf einer Bank am Meer, als wir über den Tourismus philosophierten und seine innersten Gedanken zum Vorschein kamen. Zwei Männer, die rückblickend Respekt und gegenseitige Anerkennung ohne Theatralik lebten.

PAUSE

Ein Mann, der an der Spitze stand, tief fiel und am Ende erhobenen Hauptes stolz sein Leben betrachtet, zeigt wahre Größe.

Das Traurige an seiner Geschichte: Er hatte ein kleines Imperium aufgebaut, um seiner Familie etwas bieten zu können. Dieses Imperium zu verwalten war eine andere Geschichte und im Leben gibt es nur wenige Sachen, die man gleichzeitig gut machen kann.

Wenn ich Erfolg in der einen Sache, geschäftlich, sportlich und privat haben will, muss ich mir sicher sein, was ich auf der anderen Seite bereit bin zu opfern. Die Entscheidung liegt bei jedem Menschen selbst.

Der Plan des eigenen Lebens ist kompliziert und unvorhersehbar.
Ich lebe jeden Augenblick und lebe ihn in Dankbarkeit.

ΤΟΛΟ 1958

ENDE – ANGST, SELBSTVERTRAUEN

TOLO – TOLON

Nun, wie heißt das Dorf wirklich? Es gibt zwei Varianten, beide sind möglich. Während in den 80ern hauptsächlich das Wort „Tolon" Verwendung fand, hat man sich nun auf die einheitliche Namensgebung von „Tolo" entschieden, und so wie sein Name unterschiedlich ausgesprochen wird bzw. wurde, so sind die Menschen und die Geschichte facettenreich und gehen sogar bis 6000 v. Chr. zurück.

Ein Besuch der Ausgrabungen von Assini, unmittelbar nach der großen Badebucht von Tolo, gibt Einblick in eine abwechslungsreiche Vergangenheit. Fremde Völker kamen oft als Eroberer an diesen, auf den ersten Blick so friedvollen Ort. Heute kommen wieder viele Völker zu Besuch, doch dieses Mal werden deren Herzen von den Einheimischen erobert.

Hier liegt beim Wort GastFREUNDSCHAFT die Betonung auf Freundschaft!

NACHWORT

Beim Durchlesen der einzelnen Kapitel konnte ich feststellen, dass alle meine Abenteuer und Erzählungen immer wieder auf denselben Themen basieren.

ANGST. Die Kunst, diese zu überwinden, Neues zu wagen. Die Angst vor dem eigenen Versagen oder das eigene Image im Bekanntenkreis zu ramponieren. Es gibt zwei Sprüche, die vielleicht hilfreich sein können:
„Ist der Ruf erst ruiniert, lebt sich's völlig ungeniert" und der zweite, der mir wesentlich besser gefällt: „Der Tod der Angst ist, das zu tun, vor dem man Angst hat."

SELBSTVERTRAUEN. Selbstvertrauen entwickelt sich durch Erfolge und entsteht nicht von heute auf morgen. Marathon läuft man nicht ab sofort, es dauert und hat seine Entwicklungsphase. Schritt für Schritt steigert man sich. Beim Selbstvertrauen ist es genauso. Jeden Abend, vor dem Einschlafen, rekapitulieren Sie Ihre Leistungen. Was habe ich heute besonders gut geschafft? War etwas dabei, das ich davor nicht geschafft hatte? Sport und Körperspannung tragen ebenfalls viel zum äußeren Auftreten und zur Wahrnehmung Ihrer Person teil. Strahlen Sie von innen und glauben SIE als ERSTER an SICH.

EINSTELLUNG. Das Leben findet in meinem Kopf statt. Wie ich die Dinge sehe, so sind sie. Meine subjektive Wahrnehmung verändert das Weltgeschehen.

Ich habe immer Recht, weil ich die Dinge so sehe, wie ich sie sehe UND auch Sie haben immer Recht, weil Sie die Dinge so sehen, wie Sie sie sehen.

Die Zeilen, die ich schrieb, sind für jeden dieselben, was immer Sie daraus machen ist Ihre Entscheidung.

Letzte Lektion

Dazu gibt es keine Anekdote und kein Geschichterl. Ich habe gelernt: am Surfbrett bist du alleine. Ob starker, böiger, ablandiger Wind – egal, man ist selbst der Kapitän und bestimmt, wohin es geht. Die Verantwortung kann mir keiner nehmen.

Ob an Bord eines Windsurfbretts oder im Leben – Entscheidungen zu treffen liegt in meiner Verantwortung, ich bin der Kapitän meines Lebens.

Mein Wunsch, dass auch Sie den einen oder anderen Satz mit in Ihr Leben nehmen können, geht hoffentlich in Erfüllung. Über Feedback von Lesern freue ich mich ganz besonders, da ich immer noch am Lernen bin.

weisheitensurflehrer@hotmail.com

Der Tisch ist reichlich gedeckt … und das Leben hat alle Zutaten.

DANKSAGUNG

Eines der schönsten Kapitel ist das nun folgende. Ich möchte mich aus tiefstem Herzen bei Menschen und Institutionen bedanken, ohne die diese Lektüre nicht zu Stande gekommen wäre:

Bei meinen Söhnen Lukas und Fabian, die mir mit einem Buch als Weihnachtsgeschenk indirekt die Aufgabe stellten, es besser machen zu wollen.

Bei den Einwohnern und Gästen von Tolon, die mit ihren Ansichten mein Leben bereichert und auch verändert haben. Leider sind einige liebe Menschen nicht mehr unter uns, um ihnen persönlich zu danken.
RIP: Takis, Louis, Mizo, Sandynamo, Giorgos, ...

Bei Manfred Rauchensteiner, Glückstrainer und Buchautor, der mich moralisch unterstützt hat, den Schritt zum „Schriftsteller" zu wagen.

Bei meinen Geschäftspartnern und Freunden, die mir in der Anfangsphase Mut zugesprochen haben und nach Leseproben „Zugaben" verlangt haben.

Beim Kurhospiz in Bad Gastein, wo ich die Ruhe fand, das Buch zu finalisieren.

Bei meinem Verleger, der die Publikation erst ermöglichte.

DANKE – EFKARISTO – THANK YOU

„Weisheiten"

Eine Sammlung von
Weisheiten, die
Gedanken und Zitate
ÜBERGREIFEND über
Epochen, Religionen,
Philosophen, Regi-
onen und Themen
beinhaltet.
So finden Sie in
diesem Buch zu allen

wichtigen Themen und Fragen des Lebens Antworten
und Weisheiten, aus China, Europa, Indien, Amerika,
Tibet, Afrika ...

Von Philosophen und Weisen, die vor vielen
Jahrhunderten gelebt haben ebenso wie von heraus-
ragenden Persönlichkeiten der Gegenwart. Lassen Sie
sich überraschen ...

Weisheiten (Markus Leyacker-Schatzl, Hg.)

Hardcover, 280 Seiten

Euro 19,90 ISBN: 978-3-902689-05-4

„Ein Leben in zwei Welten"

J. Reuben Silverbird
erzählt seine sehr per-
sönliche Geschichte
und gewährt einen
einmaligen Einblick in
das Leben eines Ned-
ni Apache /Cherokee
(Original Native of
America). Seine fas-

zinierenden und lebendigen Erinnerungen verbinden
sich mit inspirierender Weisheit. Er behandelt Themen
wie den Genozid an seinem Volk, Glaube, Mythen und
Spiritualität seines Volkes ebenso wie die Hoffnung für
eine neue Ära der Politik in den USA – die Hindernisse,
Herausforderungen und die Arbeit und Leistungen von
Barack Obama als Präsident der Vereinigten Staaten.
Seine Erzählungen über seine Eltern werden Sie berühren – Sie zum Lachen und Weinen bringen.

Ein Leben in zwei Welten (J. Reuben Silverbird)
Hardcover, Großformat-Bildband, 280 Seiten
Euro 24,90   ISBN: 978-3-902689-11-5

„Die Zeit – Die größte Liebe meines Lebens"

Natur, Menschen, Fotos, Worte, Sätze, Gedanken, Geschichten… eines haben sie alle gemeinsam: Die Zeit.

Die Zeit ist etwas Faszinierendes. Eine Größe, eine Urgewalt, eine berechenbare und unberechenbare Erscheinung gleichzeitig. Ein Foto ist ein Abbild einer bestimmten Zeit, betrachtet durch ein Objektiv, vollendet durch Technik. Ein Wort ist ein Abdruck einer Stimmung aus der Zeit, geschaffen durch das Denken von Menschen, vollendet durch Hände.

Die Liebe zur Zeit, ja diese größte Liebe beschreibt John Herzog in Worten, Sätzen, Gedanken und eben Fotos. Das Ergebnis ist eine persönliche Reise durch die Zeit, die mit vorliegendem Buch beginnt.

**Die Zeit – Die größte Liebe meines Lebens
(John Herzog)**
Hardcover, Großformat-Bildband, 180 Seiten
Euro 19,90   ISBN: 978-3-902689-13-9

„MENTAL-IN statt BURN-OUT"

Die Zahl der von Burnout Betroffenen steigt unaufhaltsam. Laut Studien gehören 2/3 der Bevölkerung, unabhängig von Alter, Geschlecht und sozialer Stellung, zum betroffenen bzw. gefährdeten Personenkreis.

Dieses Buch beschäftigt sich mit den Ursachen und Hintergründen von Burnout und blickt hinter die Fassade dieses vieldiskutierten Phänomens.

Was Sie tun können, um Burnout zu entgehen oder es zu überwinden, wird darin ausführlich beschrieben. Dazu gehört die Aufforderung, Ihr wahres Selbst zu entdecken und dies in den Mittelpunkt Ihres Lebens zu stellen.

MENTAL-IN statt BURN-OUT (Mag. Gerhard Hetzl)

Taschenbuch, 160 Seiten

Euro 9,90 ISBN: 978-3-902689-16-0